ROALD DAHL'S
kookboek

Felicity & Roald Dahl

ROALD DAHL'S kookboek

Vertaald door Harriët Haakma Wagenaar, Lind Roosenburg en Huberte Vriesendorp

Foto's van Jan Baldwin

FONTEIN

Zevende druk

ISBN 90 261 0965 2
NUR 440
Oorspronkelijke titel: Roald Dahl's Cookbook
Dit boek is eerder verschenen als gebonden uitgave onder de titel: Aan tafel met Roald Dahl. Oorspronkelijke Engelse titel: Memories with Food at Gipsy House
Uitgegeven door Viking, Penguin Group, Penguin Books Ltd, London

Alle recepten zijn bereid, en veel zijn gemaakt door Josie Fison

Vertaling: Harriët Haakma Wagenaar, Lind Roosenburg en Huberte Vriesendorp

Voor Lorina

14 maart 1963 – 25 maart 1990

'Not many who found her were able to let her go.'

Charles Sturridge

INHOUD

De stamboom 8-9

Voorwoord 11

Inleiding 13

Inkopen 17

Voorgerechten 19

Hoofdgerechten 57

Groenten en salades 101

Desserts, warme puddingen en taarten 1

Inmaak, drank, koek en cake 185

Het Galgemaal 214

Wijn in Gipsy House 223

Maaltijden voor honden 229

De medewerkers 233

The Family Tree — and

other characters in this book

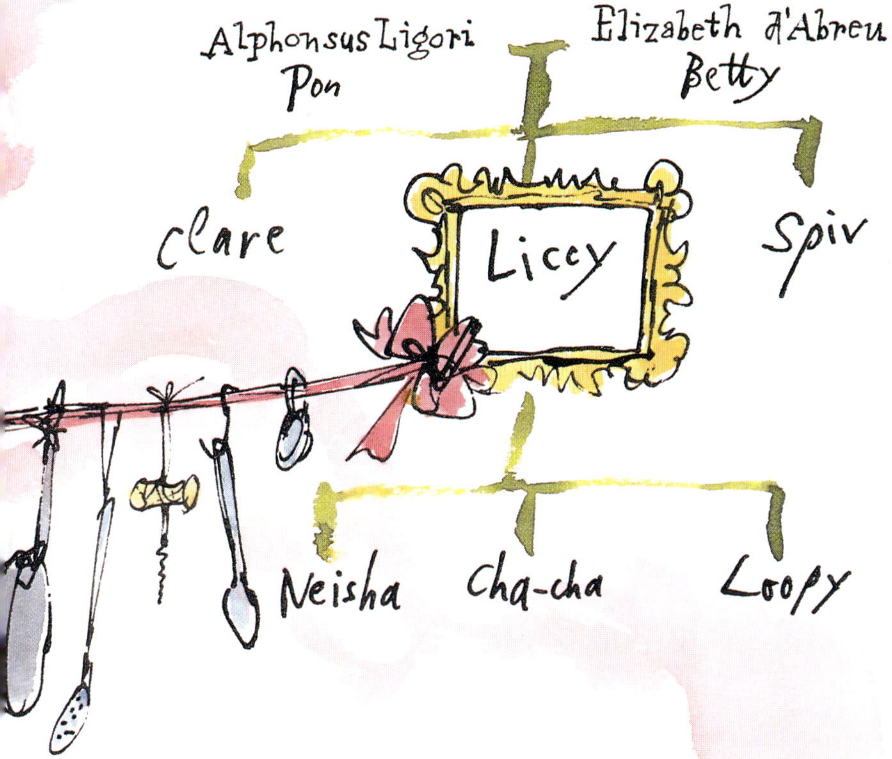

VOORWOORD

Op 23 november 1990 is Roald Dahl gestorven. Het laatste jaar van zijn leven heeft hij, tussen perioden van ziekte door, tezamen met mij aan dit boek gewerkt en aan een Agenda voor kinderen. Beide boeken laten een deel van zijn leven zien dat velen van u mogelijk zal verbazen. Zijn familie betekende alles voor hem. Dat was zeker te danken aan de invloed van zijn opmerkelijke moeder. Roalds korte eerbewijs aan haar in dit boek spreekt voor zichzelf.

Deze reusachtige, aardige man, met zijn grenzeloze vriendelijkheid en hulpvaardigheid, was voor mij de geweldigste echtgenoot die een vrouw zich maar kan wensen. Voor zijn kinderen en stiefkinderen was hij een fantastische vader en stiefvader, en voor talloze kinderen op de hele wereld de meest fantastische schrijver. Ik hoop dat ik door dit boek samen met hem te schrijven u en uw familie een heerlijke traktatie heb bezorgd, zowel om te lezen als om te eten.

Mijn zuster Spiv en haar man Marius schreven een stukje over hem in de *Independent* waarin ze, veel beter dan ik had kunnen doen, onder woorden brengen waar dit boek over gaat.

'"Smullen!" riep hij dan en toonde een tafel overladen met grote hoeveelheden van zijn favoriete gerechten: Noorse garnalen, kreeft of knapperig gebraden rosbief. Hij bleef aandringen bij de geluksvogels die bij hem te gast waren, zich voor de tweede en voor de derde keer te bedienen. Bij de koffie kwam een groezelige plastic doos op tafel vol chocolade lekkernijen, al even onweerstaanbaar voor honden, kinderen en volwassenen. Goede wijn en zijn onvermijdelijke chocolaatjes maakten een essentieel deel uit van zijn enthousiasme voor eten, drinken en conversatie.'

Net als zijn moeder verloor ik binnen enkele maanden zowel een dochter als mijn echtgenoot. Roald en ik hebben dit boek opgedragen aan mijn jongste dochter Lorina, die op zevenentwintigjarige leeftijd overleed aan een hersentumor, op 25 maart 1990.

Alle royalties van dit boek gaan rechtstreeks naar de Roald Dahl Foundation, de liefdadigheidsinstelling die ik ter nagedachtenis aan hem in 1991 heb opgericht. De Foundation biedt hulp op drie terreinen die in hevige mate zijn leven hebben beïnvloed: hematologie, neurologie en het bestrijden van analfabetisme in brede zin.

INLEIDING

Roald Dahl

Door ons huis, 'Gipsy House', beweegt zich een grote stroom menselijk verkeer en elke week van het jaar worden hier meer dan honderd warme maaltijden, nog afgezien van de lunches, met smaak verorberd. Liccy en ik hebben te zamen zes dochters, een zoon, twee schoonzoons en vijf kleinkinderen. Daarnaast hebben we nog vijf zusters die allemaal op hun beurt ook weer massa's kinderen en kleinkinderen hebben. Van deze enorme hoeveelheid mensen wonen er veel binnen een straal van vijftig kilometer van Gipsy House en allemaal zijn ze welkom aan onze tafel. In onze eetkamer staat een oude grenen boerentafel, vier meter lang en een meter breed, waar een groot aantal stoelen omheen staat. En toch is het soms nog dringen om iedereen een plaatsje te geven.

Behalve de familie, eten nog vele anderen 's middags en 's avonds bij ons, en we besteden dan ook veel aandacht aan het eten. We zijn allemaal gulzige varkens, maar we zijn wel, hoop ik, varkens met onderscheidingsvermogen, die de kookkunst met overgave beoefenen. Er komt geen lunch op tafel zonder commentaar, discussie, kritiek of complimenten.

Dat wil niet zeggen dat we ons het grootste deel van de tijd met eten bezighouden, want dat doen we niet. Alleen beschouwen we onze maaltijden, en vooral het avondeten, als een heerlijk ontspannend hoogtepunt van een dag van hard werken. Het avondmaal is de tijd dat men het werk van zich afzet en zich concentreert op eten en wijn.

De sturende hand achter al deze culinaire activiteit is mijn vrouw, Liccy, die niet alleen een fijnproever is, maar zo'n gevoelige smaak heeft dat ze de aanwezigheid van een enkel komijnzaadje in een grote stoofpot kan proeven. Zij en ik hebben samen vele malen heerlijk gegeten in buitenlandse bistro's en restaurants, vooral in de Franse gebieden bij de Loire, de Bourgogne, de Provence en de Lot, maar ook in Nederland, Portugal en Sicilië. In Frankrijk hebben we van honderden volmaakte, eenvoudige maaltijden genoten, bijna altijd in gelegenheden die geen sterren in de Michelingids hebben, en in het zuiden van Portugal op een balkon met uitzicht over een diepe vallei, hebben we een keer een tong gegeten die om de een of andere reden tweemaal zo lekker smaakte als ooit tevoren. Zulke wonderen gebeuren en daar moet je met volle teugen van genieten.

De koks

De meest merkwaardige en excentrieke van hen is Marwood Yeatman. Verderop in dit boek zult u lezen hoe we hem hebben ontmoet en over de vele fascinerende gedachten en recepten die Marwood zelf heeft bijgedragen. Kijk daar naar uit.

Het systeem in Gipsy House is aldus: we hebben altijd een jonge inwonende huishoudster die kan autorijden en goed kan koken. Ze is tussen de twintig en de dertig jaar oud, ze blijft een jaar bij ons, niet langer, en wordt behandeld als een lid van de familie. We willen niet dat ze veel langer dan een jaar blijft omdat ze een eigen leven en een carrière moet opbouwen en bovendien omdat intelligente meisjes altijd rusteloos worden wanneer ze zich te lang in een statische situatie bevinden.

Wanneer deze meisjes bij ons komen kunnen ze in meerdere of mindere mate koken. Soms zijn ze al erg goed. Soms zijn het natuurtalenten die onder Liccy's leiding al snel de absolute top bereiken, en in al die jaren heeft maar een van hen in het begin problemen opgeleverd. Deze laatste was zorgvuldig uitgezocht door mijn uitgever in Australië, die kennelijk vergeten was te vragen naar haar eigen eetgewoonten. Ze bleek vegetariër te zijn. Net zoals haar moeder. Ze hadden geen van twee ooit van hun leven een karbonaadje of een plakje bacon gegrilld. Maar Australiërs geven niet snel op en deze jongedame zette haar schouders eronder en deed het tenslotte heel goed. Terwijl zij 's middags onze honden uitliet ontmoette ze een andere jonge vrouw, Andrea, en Andrea was getrouwd met Keith, en Keith was een buitengewoon goede tuinman. 'Jullie zijn toch op zoek naar een goede tuinman, is het niet?' vroeg onze Australische vegetariër op een goede dag. Dat waren we inderdaad, en nu werkt Keith voor ons en verbouwt groenten als geen ander, dankzij onze charmante Australische, vegetarische bezoekster. We zullen haar daar altijd dankbaar voor blijven.

De andere zeven meisjes waren allemaal even fantastisch, ieder op haar eigen manier, en ze werden allemaal uitstekende koks. Vier van hen waren uitzonderlijk goed en een van hen was adembenemend; ze was zelfs zo goed, dat zij na Liccy de grootste invloed op dit boek heeft gehad. Haar naam is Josie Fison en we twijfelen er niet aan of ze zal wanneer ze bij ons weggaat, aangemoedigd door ons, naar serieuze etablissementen gaan om zich in andere aspecten van het vak te bekwamen. Liccy is er zeker van dat Josie uiteindelijk binnen een paar jaar zelf aan het hoofd zal staan van een voortreffelijk restaurant of een banketbakkerij.

Alle meisjes hadden een paar ongewone recepten bij zich toen ze kwamen. Sommigen bedachten een paar nieuwe en allemaal leerden ze snel Liccy's aanwijzingen opvolgen en soms zelfs verbeteringen aan te brengen in haar ideeën. Ze komen in dit boek allemaal aan het woord en het is de moeite waard naar hen te luisteren. Hun namen zijn:

Lori (uit Nederland)
Sandy (uit Australië)
Callie (uit Zuid-Afrika)
Virginia (uit Australië)
Anne (uit Engeland)
Josie (uit Engeland)
Sarah (uit Engeland)

Anderen die aan dit boek hebben bijgedragen, zijn mijn zusters en Liccy's zusters en een aantal zorgvuldig geselecteerde vrienden die een of meer recepten hebben die volgens Liccy buitengewoon zijn.

Linksboven: Marwood Yeatman
Boven: Noorse ijsmaker
Rechts: Josie Fison

Liccy's antwoord

Na het lezen van de prijzende woorden van mijn man waarin hij mijn smaakpapillen ophemelt, moet ik u weer met beide benen op de grond zetten. Om te beginnen kan ik niet schrijven, in feite sta ik bekend als de analfabeet van de familie, omdat ik zakte voor mijn examen Engels omdat ik een opstel over 'hates' (haat) schreef in plaats van over 'hats' (hoeden). In de tweede plaats ben ik absoluut geen beroepsmatige of buitengewone kokkin. Ik geloof wel dat ik de grondbeginselen aardig onder de knie heb. Ik bezit de basisingrediënten en dat zijn mijns inziens de volgende:

1. Ik houd van eten. Je kunt me zelfs gulzig noemen.
2. Ik ben grootgebracht door een moeder die van lekker eten hield en heerlijk kon koken. Zelfs in de moeilijke oorlogstijd wist ze nog iets smakelijks op tafel te zetten.
3. Ik zie andere mensen graag genieten van hun eten. Net als bij cadeautjes is het zaliger te geven dan te ontvangen. Aan een welvoorziene tafel zitten met mijn familie en mijn vrienden behoort tot de gelukkigste momenten die ik ken in deze harde wereld.
4. Het belangrijkste: Ik heb een man die zijn waardering niet onder stoelen of banken steekt en die gewoonweg opbloeit wanneer ik iets lekkers heb gekookt. (We zullen het maar niet hebben over wat hij zegt wanneer het minder goed uitvalt.) Hij geeft mij meer inspiratie en aanmoediging dan wat ook in mijn leven. Liefde doet wonderen op kookgebied – in een matige oven laten bakken, eruit halen en het lukt *altijd*!

Ik moet toegeven dat dit boek nooit verschenen zou zijn als ik niet de vrouw was geweest van deze bijzondere man. U vraagt misschien: 'Waarom schrijft ze dit boek eigenlijk?' Nou, dat zal ik u vertellen. Op een dag keek ik naar die lange kerel, mijn man, die glimlachend aan het hoofd van onze buitengewoon lange boerentafel zat, zoals gewoonlijk omringd door een heel stel mensen, en zichtbaar genoot van het eten. Op dat moment besefte ik dat dit was waar het in zijn leven om draaide: deze tafel, onze familie en alle grappige mensen die bij ons komen. Gezeten aan die tafel dicteert hij al zijn brieven. Aan die tafel zit hij te lezen of naar muziek te luisteren. Aan die tafel wordt hij geïnterviewd. Aan die tafel zit hij te telefoneren. Het enige wat hij niet aan die tafel doet is schrijven. De tafel maakt een groot deel van zijn leven uit, een leven dat vol is met ervaringen die niemand had kunnen verzinnen, zelfs hij niet. Dus leek het me goed een paar van die ogenblikken vast te leggen, te zamen met de gedachten van andere mensen, gecombineerd met de recepten waar we allemaal zo van hebben genoten.

Het schrijven hebben we verdeeld. R.D. is Roald, L.D. is Liccy. Onze initialen staan voor ieder stukje.

INKOPEN

Marwood Yeatman

De beste inkopers van voedsel (en andere dingen) zijn opportunisten. Als een kok langs een winkel loopt waar net een verse, glanzende kabeljauw is binnengekomen, of een paar patrijzen hangen, moet hij die eerst kopen en pas daarna besluiten wat hij met zijn aankoop gaat doen. Eropuit gaan met het vooropgestelde doel bepaalde dingen te kopen, kan leiden tot teleurstellingen en gaat voorbij aan de mogelijkheid dat de beste vis daar bij de visboer schelvis of haring is, of dat er misschien helemaal geen verse vis is, of dat er iets veel beters te vinden is bij de slager even verderop.

Een serieuze kok doet zijn inkopen met twee gedachten in zijn hoofd: het aantal mensen dat komt eten en het budget. Tenzij er basisingrediënten nodig zijn zoals suiker en zout is er geen uitzondering op de regel. Natuurlijk voedsel, de enige goede keus, varieert te veel om het anders te doen. Het verschaft het beste resultaat, maar het moet wel met grote zorg worden uitgezocht. De conditie is van doorslaggevend belang. Test hammen, proef kazen, en wijs ze af of bewaar ze zo nodig tot ze rijpen, net als wijn. Verwacht niet dat alles altijd maar hetzelfde is en van dezelfde kwaliteit.

Het is belangrijk de plaatsen te kennen waar je de grootste kans op succes hebt. De meeste mensen denken dat zij de beste slager hebben, maar hoe goed hij ook mag zijn, je hebt er minder aan hem voor je te laten kiezen dan je eigen keuze te leren maken, in het begin met zijn hulp. Een goede slager zal je altijd helpen. Deskundigen, echte deskundigen, die niets te verbergen hebben, verbloemen ook niets. Ze zijn maar al te bereid hun kennis te delen, uit te leggen wanneer en waarom hun vlees goed is, en waar je op moet letten bij een stuk varkensvlees of een runderrollade.

De keus moet automatisch vallen op de plaatselijke specialiteiten: *oatcakes* in Derbyshire, *stotties* in Durham, *kippers* in Craster, en in de boot gekookte verse garnalen in Cley-next-to-the-Sea. Koop Lancaster kaas in Preston, ham die *chaps* heet in de Midlands, en van alles wat je thuis niet kunt krijgen of herkennen, als je niet in die buurt woont. Veel regionale produkten komen hun regio niet uit; ik moet vaak zelf op pad om eraan te komen.

Denk in seizoenen voor bijna alles: versverbouwde produkten die op de juiste tijd op de markt verschijnen zijn meestal van veel betere kwaliteit dan produkten die voortdurend beschikbaar zijn. De volmaakte maaltijd in mei of juni bestaat niet uit fazant en diepvries spruitjes, en dat hoeft ook niet. In die tijd brengt men andere dingen op tafel: zuiglam of kreeft, nieuwe aardappelen, kruisbessen, en de felgekleurde en geurige Guernsey room en boerenboter van koeien in het jonge gras. Liever dan zoeken naar deze dingen moet men ernaar uitkijken en klaarstaan ze te gebruiken wanneer ze verschijnen.

Kleine winkeltjes en plaatselijke markten (te onderscheiden van straatverkoop) zijn nog steeds de beste bron van plaatselijke en seizoensprodukten. Op dergelijke plaatsen heb ik de hand weten te leggen op braadkippen, soepkippen, ganzen, allerlei soorten eenden, snippen, houtsnippen, duiven en konijnen in overvloed, jonge en volwassen hazen, reeën en damherten, zalm uit de Taw, de Tamar, de Severn, de Lune, de Wye en de Avon, zeeforellen, palingen en allerlei andere soorten vis, alle soorten eieren, vleespuddingen, pens, schenkel, schapepoten, uierboord, ingewanden, appelcake, cidercake, pruimencake, witte cake, gele cake enz., alle soorten koek, cake en gebak, krieken, kroosjes, kweeperen, moerbeien en bosbessen, hazelnoten, tamme kastanjes, paddestoelen, zeesla, schorseneren, zeekraal, zeekool, en mandenvol tuingroenten, diezelfde dag nog geplukt en goed genoeg om prijzen te winnen op shows.

Het zou oneerlijk zijn mezelf ervoor op de borst te kloppen dat ik die dingen wist te vinden. Ze werden gewoon aangeboden in de verschillende stadjes en dorpjes. Het enige dat ik hoefde doen, was met een grote boog om supermarkten heenlopen, en zo verstandig en vindingrijk mogelijk inkopen en ervoor op te passen mijn inkopen thuis niet te verpesten. Als goede kookkunst geheimen heeft, dan zijn dat er drie van.

VOORGERECHTEN

Stefans Chłodnik 22
Koude komkommer en aardbeiensoep 22
Maria's Gazpacho 23
Amandelsoep 27
Gele spliterwtensoep met spek 27
Michaels meesterlijke medicinale kippesoep 28
Josie's rookvispotjes 30
Uiensoep 30
Spivs zachte haringhommetjes soufflé 32
Haringpâté 32
Scandinavische ingemaakte haring 33
Piggy's krabaardappelen 35
Algarviaanse schelpen 38
Sint-jacobsschelpen met spinazie 38
Moules à l'escargot 40
Gerookte zalmstrudel 42
Zalm en gerookte schelvistartaar 42
Snoek quenelles 46
Betty d'Abreu's erwtenschotel 49
Stilton pâté 50
Tomaten gelatine-rand 50
Oeufs en geleé 54
Callie's quiche 56

Stefans Chłodnik

R.D. Ik ben mijn hele (volwassen) leven een gokker geweest. Ik herinner me dat ik al in 1934, toen ik bij de Shell in Londen werkte, telefonisch op paarden wedde. Als ik op een paard gewed had dat bijvoorbeeld meeliep in de race van twee uur of halfdrie, sloop ik halverwege de middag het kantoor uit en kocht de laatste editie van een krant om de laatste raceuitslagen te lezen. In die dagen was ik nog zo stom te denken dat ik geld kon winnen met wedden. Tegenwoordig gok ik nog wel, maar louter en alleen voor mijn plezier en in de wetenschap dat ik op de lange termijn zal verliezen. Ik ben best bereid te betalen voor mijn pleziertjes.

De laatste dertig jaar speel ik het liefst blackjack, wat niet meer is dan een wat ingewikkelder versie van het kinderspelletje eenentwintigen, en dat speel ik altijd in de Curzon House Club. Deze club bezit een van de mooiste *Georgian* huizen in Londen, Curzon street nr 20. Het is daarbinnen zo prachtig dat je in de hal opgewonden raakt bij het zien van de schitterende achttiende-eeuwse schermen van glas en mahoniehout die van vloer tot plafond reiken om de entree af te schermen van de trap, en de grote mahoniehouten leuningen van die trap die naar boven, naar de speeltafels en jouw ondergang leidt.

Sinds ik daar kom is de club al minstens vier keer van eigenaar veranderd, en een keer, toen de eigenaar een bijzonder onaantrekkelijke bookmaker was, ben ik letterlijk de deur uitgezet door een paar zware jongens omdat ik opstond in de eetzaal om over het eten te klagen. Maar zodra John Aspinall de club had gekocht en orde op zaken had gesteld, keerde ik terug. Sindsdien heet de club *The Aspinall Curzon* en zo heet hij nu nog steeds. Toen projectontwikkelaar Gerald de Savary de club van Aspinall overnam, waren er een paar moeilijke ogenblikken en veel leden van de loyale oude staf verdwenen. Sindsdien is hij geloof ik nog twee keer in andere handen gekomen, beide keren in handen van een of ander reusachtig naamloos concern dat een paar miljoen winst wilde maken op de overspannen huizenmarkt.

Toch heeft de club dit alles weten te overleven, al weet niemand voor hoe lang nog. Tegen de tijd dat deze woorden in druk verschijnen bestaat hij misschien al niet meer en wordt het huis in Curzonstreet bewoond door een lid van de koninklijke familie van Saoedi-Arabië. Maar voorlopig gaan Liccy en ik er nog iedere week heen om te dineren en een paar uur blackjack te spelen.*

Vroeger was de chefkok van Curzon House een oudere Poolse heer die Stefan heette. Stefan dronk nogal eens een glaasje te veel, maar toch was zijn keuken de beste keuken van Londen. Hij was een man van de oude stempel die elke morgen om vier uur opstond om zelf op de markt zijn vis en zijn groente uit te zoeken. Hij was een prachtige man met een enorme hangsnor. Toen we een keer naar beneden naar de keuken gingen om hem te bedanken voor een uitzonderlijk heerlijk diner, was hij zo overdonderd, dat hij ons een paar grote kreeften overhandigde en erop stond dat we die mee naar huis namen.

Stefans *tour de force* was in onze ogen zijn *chłodnik*. Dat is een koude Poolse bietensoep met een paar heel speciale ingrediënten, onder andere stukken kreeft. Het is de lekkerste soep die ik ooit heb geproefd, ijskoud, romig en met zo'n subtiele, verleidelijke smaak dat je het gevoel krijgt dat je nooit meer op wilt houden met eten.

* Kort nadat ik het bovenstaande schreef kwam een van de rijkste mannen uit Australië naar de club en won bijna tien miljoen gulden. Dat betekende de genadeslag voor de club en hij werd meteen gesloten. Dus sinds juli 1990 bestaat de Curzon House Club niet meer. Waar moet ik nu heen?

Stefans Chłodnik

(6 personen)

450 gr verse bieten (liefst met blad)
ruim 1 liter kippebouillon
1 komkommer, zonder schil en zaad
6 radijsjes
6 lenteuitjes
1 augurk
sap van ½ citroen
4,5 dl zure room
evt. wat suiker
zout en peper
3 eetlepels fijngehakte verse dille

VOOR DE GARNERING:
hardgekookte eieren in vieren
zure room
takjes verse dille

1. Was de bietjes (met blad) zo voorzichtig dat het vel niet kapot gaat.
2. Laat de bietjes (met blad en al) ca. 1 uur sudderen in de kippebouillon tot ze zacht zijn. Giet ze af, bewaar de bouillon en laat alles afkoelen.
3. Bietjes afstropen en in stukken hakken. Daarna pureren met de komkommer, de uitjes, de radijsjes en de augurk.
4. 7 dl van de bouillon waarin ze gekookt zijn toevoegen.
5. Door een zeef wrijven en goed laten afkoelen.
6. Meng de zure room en het citroensap erdoor.
7. Naar smaak peper en zout en eventueel een beetje suiker toevoegen. Doe de gehakte dille erbij.
8. Enkele uren laten koelen, liefst de hele nacht.

Schep de soep in kommen. Versier de kommen met partjes ei, een spiraaltje zure room en een takje dille.
Als je geld te veel hebt, kun je het wat luxueuzer garneren met wat garnalen of wat stukjes kreeft.

Koude komkommer en aardbeiensoep

PIP

(4 personen)

1 grote komkommer, geschild en in blokjes gesneden
30 gr boter
1 uitje, gepeld en fijngesneden
7 dl kippebouillon
1 eetlepel maizena
250 gr aardbeien in dunne plakjes
evt. 2-3 druppels kleurstof
zout en versgemalen zwarte peper
2-3 fijngehakte verse muntbladeren
1,5 dl garderoom

VOOR DE GARNERING:
3-4 eetlepels garderoom
4 aardbeien in plakjes
2 eetlepels fijngehakte bieslook

1. Leg de blokjes komkommer op een schone theedoek en strooi er zout over. 30 minuten laten uitlekken en daarna droogdeppen.
2. Smoor de ui met de boter in een steelpan tot hij glazig wordt. Doe de komkommerblokjes erbij en laat ze 5 minuten meezweten op een laag vuur.
3. Voeg de bouillon toe en laat alles sudderen tot de komkommer zacht is.
4. Maak de maizena aan met een beetje water en roer het erdoor tot de soep gebonden is.
5. Af laten koelen en pureren met de aardbeien. Zout, peper en munt naar smaak toevoegen en afmaken met de room.
6. Nog enkele uren in de ijskast zetten. Vergeet niet de soepterrien en de kommmen te koelen voor het opdienen.

Garneer de kommen met een spiraaltje room, een paar plakjes aardbeien en wat bieslook.

Marianne Ford

L.D. Marianne is altijd mijn meest energieke vriendin geweest. We kennen elkaar al van toen we zeventien jaar oud waren en we ons gelijktijdig stortten in de wereld van de mode en de fotografie, ik bij *Harper's Bazaar* en zij bij de studio van een fotograaf. Een paar jaar later zette Marianne een firma op die *Scenery* heette, de eerste free-lance stilisten voor commerciële televisiefilms. Daarna kon niets haar meer tegenhouden. Ze werd art director van zowel speelfilms als reclamefilms, schreef een kinderboek, bouwde een verbazingwekkende bibliotheek op, doet eindeloos veel vrijwilligerswerk in ziekenhuizen en de hemel weet wat nog meer. Ze is een vriendin die altijd voor je klaarstaat als je haar nodig hebt. Het spreekt bijna vanzelf dat ze ook uitstekend kan koken.

Maria's Gazpacho

MARIANNE FORD

Toen Richard Ford in 1846 *Gatherings from Spain* schreef, had hij nooit kunnen denken dat hij zijn afstammelingen zo'n warme belangstelling voor gazpacho zou meegeven. Door de jaren heen moeten we wel zo ongeveer alle recepten uitgeprobeerd hebben. Sinds 1960 is het recept van Maria (moeders oude kokkin uit Andalusië) de favoriet van de familie geworden. Een botte, afgesleten en gedeukte *mouli* die speciaal voor dat doel wordt gebruikt, bewijst hoe populair het bij ons is. Richard Ford schrijft: 'Geen enkel stuk over Spaanse salades is compleet zonder een vermelding van de gazpacho, die groentesoep of drijvende salade... Landarbeiders zouden nooit het werk in de brandende zon kunnen volhouden zonder dit verkoelende zurige voedsel...'

(6-8 personen)

3 sneden brood
3 dl melk
1 kilo tomaten (overgoten met kokend water en gepeld)
1 geraspte komkommer
1 geraspte grote ui
1 geraspte groene peper
8 dl tomatensap
2 teentjes knoflook
1 theelepel zeezout
2 eetlepels olie
1 eetlepel azijn
peper naar smaak
tabasco naar smaak

1. Snijd de korst van het brood en verkruimel het. Strooi de kruimels in een schaal en giet de melk erover.
2. Draai de tomaten, komkommer, ui en peper door de groentemolen.
3. Wrijf in een vijzel de knoflook met het zeezout tot een gladde pasta.
4. Brood toevoegen.
5. Goed roeren. Daarna olie, azijn en peper erbij doen.
6. Meng alles goed tot een gladde massa, eventueel met toevoeging van een beetje water.
7. Laat de soep (en de soepborden) goed afkoelen in de ijskast.

Kerstmis

R.D. Ik heb een gruwelijke hekel aan Kerstmis.

Kerstmis is voor kinderen. Toen ik klein was, vijfenzestig à zeventig jaar geleden, was Kerstmis nog louter een familieaangelegenheid en was het een fantastisch feest. De nacht voor Kerstmis werd altijd een kous aan het voeteneinde van het bed gehangen en de volgende ochtend zat hij vol met kleine dingen zoals een sinaasappel, wat noten, een Dinky Toy autootje, een puzzel, een paar kleurpotloden en misschien zelfs wel een vulpen. De grotere cadeaus, nooit overdreven groot of duur, lagen ingepakt onder de kerstboom en ze waren bijna altijd afkomstig van familieleden. Het speelgoed was vaak mechanisch en daar waren we dol op. De meccano was van metaal, niet van plastic. De legpuzzels waren uit hout gezaagd, niet van karton, de beren waren van wol, niet van poly-zus of zo, en de poppen hadden ogen die dichtgingen wanneer je ze neerlegde. Tegenwoordig loopt al het speelgoed op batterijen met afstandsbediening en ingewikkelde elektronica die het na een week al begeeft. Alles is peperduur en zit vol siliconen chips.

Kerstmis is ook de tijd dat een groot aantal volwassenen die de rest van het jaar geen voet in de kerk zetten, naar de ochtenddienst gaan om gezellig samen te zingen en hun jaarlijkse dosis christendom op te doen. Kerstmis is in feite een obsceen festival geworden, een gouden tijd voor de middenstand die rijk wordt ten koste van de rest van de bevolking die arm wordt.

Cadeaus uitwisselen heeft onder volwassenen belachelijke vormen aangenomen. Lange lijsten worden opgesteld, niet alleen van familie en goede vrienden, maar ook van allerlei kennissen die je niet eens graag mag. Je leeft in angst en vreze dat je iemand hebt vergeten die jou wel wat geeft op een moment dat het te laat is om nog wat terug te doen. Alles gaat volgens de gouden regel: voor wat hoort wat. 'Ik moet iets voor haar kopen, omdat zij mij ook altijd wat geeft.'

Het treurigst van dit alles is dat het een zware financiële last vormt voor heel wat jonge mensen die toch al moeite hebben de eindjes aan elkaar te knopen. Plotseling, een keer per jaar, dwingt de traditie hen hun spaargeld over de balk te smijten. Ik kan dat niet uitstaan.

Een paar verstandige mensen spreken af dat ze elkaar niets geven, en als je het mij vraagt zou iedereen, buiten naaste familie en zeer goede vrienden, hetzelfde moeten doen.

Kerstkaarten sturen is ook zoiets. Ik vind het heus wel aardig eens per jaar een groet te sturen aan een verre, oude vriend. Maar afgezien daarvan zijn de lijsten voor de kerstkaarten zelfs nog langer dan die voor de cadeaus. Iedereen die je maar kunt bedenken, waaronder heel wat mensen die je maar een enkele keer hebt ontmoet, moeten er een krijgen. En zelf ontvang je tientallen vreselijke kaarten van iedere leverancier en middenstander waar je ooit mee te maken hebt gehad. Je garage stuurt er een, je tv-zaak ook en je visboer en iedereen die verder nog denkt dat je het komende jaar geld bij hem zult besteden.

De ergste geldklopperij is wel de charitatieve kerstkaarten-handel. Daar weet ik toevallig het een en ander van af omdat Quentin Blake en ik in 1989 samen een kaart hebben gemaakt voor een goed doel. Zonder de hulp van Penguin Books en anderen hadden we nauwelijks een cent bij elkaar gekregen. Maar Penguin haalde de papierfabrieken, de envelop-makers, de drukkers en nog wat andere gulle firma's in het fabricageproces over om alles voor niets te doen. En dan nog zouden de kaarten niet zijn verkocht als we de boekhandel niet hadden toegestaan hun 30 à 40 procent aandeel in de verkoopprijs te nemen. Ik zeg niet dat u zulke liefdadigheidskaarten niet meer moet kopen. Ze zijn in ieder geval beter dan de puur commerciële kaarten. Maar u moet wel goed beseffen dat met uitzondering van de doodenkele kaart die onder speciale voorwaarden is geproduceerd, maar een uiterst miniem percentage van wat je ervoor betaalt, terechtkomt bij het goede doel. In veel gevallen verdienen de mensen die de kaart maken en die hem verkopen er verreweg het meeste aan.

Dan zijn er nog de feestjes op kantoren, treurige dronkemansgelagen, waarbij de oudere heren, stomdronken en kwijlend, zich op de typisten storten die ze de rest van het jaar geen blik waardig keuren. Zulke dronkemansgelagen komen vaker voor dan je denkt en maken deel uit van het grote christelijke festival van Kerstmis.

En dan komt het ritueel van de kalkoen. Vroeger was het altijd een gans (die verrukkelijk smaakt) of een vlezig kapoentje, maar een poosje geleden besloot iemand dat kalkoen het enig juiste kerstvoedsel was. Het aantal kalkoenenfokkers nam hand over hand toe en miljoenen van die beesten worden gefokt en vetgemest in lange schuren waar dag en nacht tl-buizen branden om de kalkoenen zover te krijgen dat ze zich het klokje rond vol blijven vreten. De fokkers maakten mooie winsten, de winkeliers ook, en het duurde niet lang of bijna iedere familie in Engeland propte zich met de Kerst vol met een van de meest smakeloze vleessoorten die er bestaat. Ik zou niets weten dat droger is en minder smaak heeft dan gebraden kalkoen. Het enige voordeel zal wel zijn dat een zo'n beest lang meegaat; zelfs zo lang dat de familie hem de hele daaropvolgende week nog koud eet of in de ragoût.

Nee, ik houd niet van Kerstmis en ik heb na afloop altijd een beetje het gevoel dat ik een lange, gevaarlijke strijd achter de rug heb. Met kinderen moet je het natuurlijk wel vieren. Laten wij, volwassenen, vooral proberen de kinderen een leuke tijd te bezorgen, maar de hemel beware ons voor al die geforceerde vrolijkheid. Kerstmis was altijd een heerlijke, waardige, christelijke aangelegenheid. Nu is het de belangrijkste winstgevende periode voor industrie en middenstand.

A Christmas Feast

Almond Soup Pike Quenelles

Stuffed Goose Potato Cakes

Red & Green Cabbage Brussel Sprouts Sauce

Marwoods Mothers Mince Pies

Ginger Pudding Christchurch Pudding

Amandelsoep

MARWOOD YEATMAN

Deze fijne soep die honderd jaar geleden heel populair was, wordt niet vaak meer gegeten. In geen enkel stadium van de bereiding mag een mixer of blender worden gebruikt, want dat ruïneert de structuur.

(4-6 personen)

200 gr geblancheerde amandelen
de dooiers van 3 hardgekookte eieren
11 dl sterke kippebouillon
beurre manié, gemaakt van 2 eetlepels
zachte boter en 30 gr bloem
1,5 dl garderoom
zout en witte peper

1. Wrijf de amandelen fijn in een vijzel te zamen met de dooiers en een beetje bouillon.
2. Breng de bouillon tegen de kook aan en klop met een garde de *beurre manié* erdoor, en nadat die is opgenomen de amandelpasta.
3. 30 minuten zachtjes laten koken.
4. Zeven, de room toevoegen, op smaak brengen met zout en peper, voorzichtig opwarmen en opdienen.

Gele spliterwtensoep met spek

SANDY

(6 personen)

2 ons gele spliterwten
6 flinke plakken doorregen gerookte bacon
of ontbijtspek
1 eetlepel olijfolie
2 wortels in stukjes
2 uien in stukjes
2 stengels bleekselderie in stukjes
1 (400 gr) blik gepelde tomaten,
uitgelekt en gesneden
2 teentjes knoflook
1 laurierblad
6 takjes peterselie
17 dl kippebouillon
zout en zwarte peper

1. Doe de gedroogde erwten in een kom, giet er kokend water bij tot ze onderstaan en laat ze 1 uur weken. Afgieten.
2. Snijd het zwoerd eraf en snijd de bacon in reepjes.
3. Verhit de olijfolie in een pan met dikke bodem en bak de reepjes bacon en het zwoerd lichtbruin.
4. Voeg de wortels, de selderie en de uien toe en laat dit ook een beetje bruin worden.
5. Vervolgens de erwten, de tomaten, de knoflook, het laurierblad, de peterselie en de bouillon erbij doen. Aan de kook brengen en nog 1 uur laten sudderen.
6. Haal het laurierblad, het zwoerd en de takjes peterselie eruit en breng de soep op smaak met zout en peper.

Opdienen met warme broodjes.

Michael

R.D. Michael is de man van mijn jongste dochter, Lucy. Hij is bovendien de zoon van de wonderbaarlijke Cherokee Indiaanse Rose, dus Michael is ook half Cherokee. Michael en Lucy hebben een gelukkig huwelijk en twee kinderen. Ze wonen in een vakantieplaats die Captiva eiland heet, aan de Golfzijde van het schiereiland Florida. Daar hebben ze een watersportcentrum waar ze rijke toeristen leren waterskiën, raceboten besturen, para-sailing en nog veel meer. Het zijn allebei zelfbewuste, praktische mensen die dol zijn op het buitenleven dat ze leiden, en, dat spreekt haast vanzelf, ze kunnen allebei bijzonder goed en origineel koken. Dit is Michaels recept voor kippesoep, dat beroemd is geworden in onze familie. Behalve dat de soep erg lekker is heeft hij ook nog een geneeskrachtige werking volgens Michael, die erop staat deze soep klaar te maken voor Lucy wanneer ze zich niet helemaal honderd procent voelt.

Michaels meesterlijke medicinale kippesoep

(6 personen)

2 kleine of 1 grote maiskip (totaal 2,5 kilo)
4 kleine gepelde uien
125 gr champignons
3 wortels
2 preien
3 eetlepels fijngesneden dragon, liefst vers
zout en peper

1. Snijd de kip in vieren en doe de stukken met twee grofgesneden uien in een grote pan en vul de pan met water tot de kip onderstaat.
2. Aan de kook brengen en laten sudderen tot het vocht tot de helft is ingekookt. Bijvullen met water en opnieuw laten inkoken. Dit duurt zeker vier uur. Af laten koelen.
3. De bouillon zeven en bewaren.
4. Haal het vlees van de botten en snijd het in stukjes. (Als je er de tijd voor hebt, kun je van de botten met vers water nogmaals bouillon trekken zoals bij 2. om meer smaak aan de soep te geven.)
5. Snijd de overgebleven uien en de andere groenten klein, de dragon ook. Kook dit in de bouillon tot alles zacht is.
6. Op smaak brengen met zout en peper.
7. Voeg voor het opdienen de kip toe en laat nog even doorkoken.

Uien

R.D. De groenten die ik altijd met het meeste plezier verbouw zijn de uien. Ze kunnen me niet groot genoeg worden, niet alleen omdat een bed reuzenuien zo'n prachtig gezicht is in augustus, maar ook vanwege de heerlijke zachte, zoetige smaak, vooral wanneer je ze rauw eet.

De beste grote uien die ik ooit heb gekweekt, komen van zaad dat afkomstig is van een klein familiebedrijf in het noorden, W. Robinson and Sons Ltd, Sunny Bank, Forton, near Preston, Lancashire PR3 0BN, en ze heten *Mammoth Improved Onion*. Mijn Robinson uien wegen gemiddeld 1,5 kilo per stuk en door hun grootte kun je er heerlijk knapperig gebakken uiringen van maken. Als je de ringen van gewone uien bakt blijft er soms maar weinig van over wanneer je ze hard bakt, maar deze niet. Je kunt ze frituren of in de koekepan bakken, maar denk er wel aan dat je ze eerst even door de bloem wentelt.

Josie's rookvispotjes

Voor dit recept heb je zes eenpersoons vuurvaste soufflépotjes nodig.

(6 personen)

3 ons gerookte schelvis, zonder vel
(of andere gerookte vis)
3 gepelde tomaten, zonder pitjes, in stukjes
sap van ½ citroen
3 eetlepels fijngehakte peterselie
1 even geklutst ei
3,4 dl room
50 gr geraspte Parmezaanse kaas of
100 gr in knoflookboter
gebakken vers broodkruim
zout en peper
wat gehakte peterselie voor de garnering

1. Oven voorverwarmen op 190°C of stand 5.
2. Verdeel de vis en de tomaten over de potjes.
3. Sprenkel er citroensap en peterselie over.
4. Meng het geklutste ei met de room en breng op smaak met zout en peper.
5. Giet het roommengsel over de vis.
6. Bestrooi met Parmezaanse kaas of knoflookbroodkruim.
7. Laat de potjes in de oven bakken tot ze pruttelen en goudbruin zijn geworden.
8. Strooi er voor het serveren nog wat peterselie over.

Uiensoep

CALLIE

(6 personen)

85 gr boter
6 grote uien in ringen
2 teentjes gesneden knoflook
2 volle eetlepels Dijon mosterd
1 volle theelepel Marmite
1,7 liter krachtige kippebouillon
1 laurierblad
zout en peper

VOOR DE GARNERING:
225 gr geraspte gruyère kaas
1 dun stokbrood in plakjes van 1 cm dik

1. Smelt de boter in een grote pan met dikke bodem. Laat de ui en de knoflook heel langzaam zacht en bruin worden in meer dan 2 uur. Dit is essentieel voor een echt goede uiensoep.
2. Voeg de mosterd, de Marmite, de bouillon en het laurierblad toe en breng aan de kook.
3. Laat de soep inkoken tot de gewenste dikte. Dit kan variëren van consomméachtig tot dik.
4. Op smaak brengen met zout en peper.
5. Maak croûtes van het stokbrood door de plakjes met gruyère te bestrooien en vervolgens onder de grill bruin te laten kleuren.

Serveer de soep met de croûtes erbovenop.

Uiensoep

Spivs zachte haringhommetjes soufflé

ANN TWICKEL

Liccy is mijn nichtje. Haar moeder en ik groeiden op in het familiehuis van de Throckmortons, Coughton Court in Warwickshire. De keukens in Coughton waren heel groot en waren zo gelegen dat ze iedereen zoveel mogelijk ongemak bezorgden. Het huis vormde drie zijden van een rechthoek met de keukens aan het einde van de noordkant en de eetkamer op de eerste verdieping van de zuidzijde. Dit betekende dat al het eten door het hele huis moest worden gedragen of, als het mooi weer was, buitenom via de binnenplaats. Toch herinner ik me geen enkele keer dat het eten lauw was of de soufflés ingezakt op tafel kwamen. In de familie gaat overigens het verhaal dat dit laatste wel een keer is gebeurd en dat in de daaropvolgende paniek een verhit knechtje buiten adem bij de kok kwam om zijn fietspomp aan te bieden.

Dit recept is afkomstig van Liccy's jongere zuster, Spiv. Er wordt geen bloem bij gebruikt omdat de hommetjes de soufflé voldoende binden.

(4-5 personen)

Boter en geraspte Parmezaanse kaas om de soufflévorm in te vetten en te bekleden
450 gr haringhommetjes (bij de visboer bestellen)
50 gr boter
1 theelepel zout
versgemalen zwarte peper
4 eierdooiers
6 eiwitten
30 gr geraspte gruyère kaas
30 gr geraspte Parmezaanse kaas

1. Oven voorverwarmen op 230°C of stand 8.
2. Beboter een soufflévorm van 18 cm diameter en bestrooi de zijkant met een beetje Parmezaanse kaas om het rijzen te bevorderen. Plaats de schaal zolang omgekeerd in het vriesvak.
3. Trek de donkere draadjes van de hommetjes af. Bak ze zachtjes in de boter. Pureer het mengse in de mixer (het mag niet vloeibaar worden) Voeg peper, zout en gruyère toe.
4. Klop de eierdooiers.
5. Klop de eiwitten stijf.
6. Voeg het hommetjesmengsel bij de dooiers er spatel voorzichtig het eiwit erdoor met een metalen lepel.
7. Zet de schaal precies 17 minuten in de oven. (Niet opendoen.) Het lukt altijd en het is knapperig van boven en kleverig van binnen.

Eet het als voorgerecht, maar drink er water bij, want hom bederft de smaak van wijn.

Haringpâté

JOSIE

Dit is een uitstekende entree voor een dineetje. Je kunt dit het beste een dag van tevoren maken, zodat het de tijd heeft stevig te worden en je het gemakkelijker in plakken kunt snijden.

Je hebt er een vuurvaste schotel met een deksel voor nodig van 1,7 liter inhoud.

(12 personen)

Rauwe ham of geblancheerde spinaziebladeren om de schotel te bekleden
2-4 eetlepels braad- of gewelde boter
zwarte peper en nootmuskaat naar smaak
5 hele kippers
3½ grote aardappels
1 plak bacon van ruim 100 gr in blokjes
3 kleine uien, gesneden
30 ml whisky
1 geklopt ei
zout naar smaak

1. Bekleed de schaal met vetvrij papier en laat genoeg papier over de rand hangen om later de bovenkant te bedekken.

2. Bekleed nu de schaal met de ham of de spinaziebladeren en laat genoeg ham of spinazie over de rand hangen om later over de bovenkant te kunnen vouwen. Gebruik de gewelde boter om de randen van de ham of de spinazie op elkaar te plakken.
3. Strooi er peper en nootmuskaat overheen.
4. Borstel de aardappels schoon en leg ze 30 minuten in een voorverwarmde oven van 200°C of stand 6 tot ze halfgaar zijn.
5. Bak de kippers 5 minuten om ze gemakkelijk van de graat te kunnen halen. Ontgraat en ontvel de vis.
6. Oven voorverwarmen op 180°C of stand 4.
7. Smoor de bacon en de ui op laag vuur tot ze zacht zijn.
8. Schep de aardappels uit hun schil en prak ze fijn.
9. Pureer de bacon en de ui in een keukenmachine en doe de pasta in een kom.
10. Doe de fijngemaakte vis bij de ui-bacon pasta.
11. Goed mengen en dan de geprakte aardappels toevoegen.
12. Nu de whisky en het ei erbij en op smaak brengen met zout, peper en nootmuskaat.
13. Schep het mengsel in de beklede schaal. Zachtjes schudden of ermee op tafel stoten om de lucht eruit te krijgen.
14. Vouw de ham of de spinazie over de bovenkant heen en dek af met het vetvrije papier.
15. Doe het deksel op de schaal en zet hem op een stuk papier in een bak met water in de oven (*au bain marie*) en bak ca. 50 minuten. Om te testen of de pâté gaar is een breinaald of vleesspies ongeveer een minuut erin steken. Als hij er schoon en warm uitkomt is de pâté gaar. Bovendien voelt de pâté dan stevig aan wanneer je erop drukt.

Serveren met melba toast zonder boter.

Omdat de pâté erg fijn is moet hij in dunne plakken gesneden worden. Het mes dient voor elke plak in heet water te worden gedompeld, zodat de pâté er niet aan blijft kleven.

Scandinavische ingemaakte haring

PIP

(4 personen)

12 haringfilets (2 potjes b.v. Deense ingemaakte haring) in grove stukken gesneden
1,2 dl mayonaise
1 eetlepel zachte kerrie
⅛ liter zure room
1 zure harde handappel, fijngehakt
1 kleine prei fijngehakt
1 eetlepel suiker
zout en zwarte peper naar smaak

1. Meng de kerrie door de mayonaise.
2. Leg de roodachtige, zoetige, kruidige haringen in de mayonaise en de zure room.
3. Doe de gehakte appel, de gehakte prei, de suiker, het zout en de peper erbij.
4. Een nacht laten marineren. Daarna proeven en eventueel nog wat suiker, zout of peper toevoegen.

Serveren met roggebrood met boter.

Kaa Indana Kiazi

R.D. Heel lang geleden toen ik in Dar es Salaam werkte voor de Shell, woonde ik met twee andere Shell jongens buiten de stad in een groot huis op de klippen bij de Indische Oceaan. Ik was belast met de inkopen voor ons huishouden en elke morgen had ik een plechtige bespreking over het menu voor het avondeten met onze kok, een gerimpelde oude charmeur van de Mwanumwezi stam, die vriendschappelijk Piggy werd genoemd. Meestal aten we de heerlijke vis die in de zee vlak onder ons werd gevangen door een andere oude man, die Mvuvi heette, die in een uitgeholde boomstam de zee opging. Mvuvi kon ook heel goed krabben vangen, en die enorme spinachtige beesten wist Piggy de kok zo eenvoudig en toch zo heerlijk klaar te maken dat we twee keer per week 's avonds krab aten. Het gerecht heette Kaa Indana Kiazi, wat gewoon krab-in-aardappel betekent, en zo maakte Piggy het klaar:

Hij nam een grote aardappel per persoon en pofte ze in de oven. Terwijl ze in oven lagen kookte hij de krabben en haalde alleen het witte vlees, maar wel in grote hoeveelheden, eruit. Dan maakte hij een beetje witte béchamelsaus en mengde daar het krabvlees doorheen. Wanneer de aardappelen gaar waren, sneed hij ze open en lepelde een groot deel, maar niet alles, van de inhoud eruit. Daarna vulde hij de aardappelen met het krabmengsel, deed ze weer terug in de oven en liet ze nog een tijdje doorbakken tot hun schil helemaal knapperig was. Ze werden heet opgediend en met smaak verorberd.

Piggy's krabaardappelen

L.D. Piggy's recept is geweldig, maar met Engelse krabben en een beetje improvisatie, zijn we er toch in geslaagd een bijna even lekker recept te maken.

(4 personen)

2 grote aardappels
zout en peper
een klontje boter
melk
3 eetlepels gebonden vissaus, een roux van 30 gr boter en 30 gr bloem en 3 dl visbouillon
1 grote krab. Vraag de visboer de poten er af te halen.
Hiervan krijg je 5 volle eetlepels wit krabvlees en twee volle eetlepels donker krabvlees
2 volle theelepels zure room
sap van ½ citroen
klein bosje fijngehakte peterselie of dille

1. Oven voorverwarmen op 230°C of stand 8.
2. Borstel de aardappels schoon. Prik ze aan een vork, maak ze nat of beboter ze en strooi er zout over. Bak ze 1 uur in de oven.
3. Snijd de aardappels doormidden. Schep de kruim uit de schil, maar laat een laagje van ½ cm zitten. (Om de schil nog knapperiger te maken eventueel frituren in een mengsel van olijfolie en maisolie.)
4. Pureer de aardappel met zout, peper, boter en melk.
5. Voeg de vissaus en de zure room samen toe.
6. Meng het donker krabvlees, de dille en het citroensap erdoor.
7. Schep heel voorzichtig het witte krabvlees erdoor.
8. Vul de aardappelschillen met het mengsel en bak ze nog 5 minuten in de oven tot ze door en door warm zijn en goudbruin van boven.
9. Bestrooi ze met fijngehakte peterselie of dille.

La Rochelle

R.D. Liccy en ik hebben op een dag een heel bijzonder diner gehad in La Rochelle. Ik heb familie in die mooie stad. Mijn vaders Noorse broer, oom Oscar, is daar jaren geleden heengegaan om zijn fortuin te maken en heeft dat ook gedaan door een vloot vissersboten op te bouwen die *Pêcheurs d'Atlantique* heten. Oom Oscar is bijna zeventig jaar geleden overleden, maar zijn zoon, mijn neef Eric, heeft het van hem overgenomen. Eric is nu ook dood, maar toen Liccy en ik hem zeven jaar geleden op gingen zoeken, was hij nog springlevend. Hij woonde in een mooi oud stenen huis in het centrum van La Rochelle en ik overdrijf niet wanneer ik zeg dat het interieur was als een museum, geheel gewijd aan mooie dingen. Louis XIV sofa's en stoelen, nog met de originele geborduurde bekleding, schilderijen van Greuze, Loussain en Boucher, Savonnerie-karpetten, kasten vol zeldzame boeken en misschien wel de mooiste schelpenverzameling ter wereld.

Eric nam ons mee uit eten in een restaurant en zei: 'Hier eet je de lekkerste vis die er bestaat.' Hij had een dag tevoren gemarineerde rauwe sardines besteld, de echte Franse, van ongeveer vijftien centimeter lang, en hij had ervoor gezorgd dat ze niet langer dan een half uur uit het zeewater waren toen ze in het restaurant aankwamen. De kok had ze daarna meteen in de marinade gedaan, waar ze vierentwintig uur in hadden gelegen. Waaruit bestond die marinade, vroegen wij. 'Ah,' was het antwoord, 'ik verraad mijn geheimen nooit.' Het enige wat we uit hem konden krijgen, was dat hij voornamelijk uit goede olijfolie en kruiden bestond.

We hadden geen van beiden ooit zulke vis geproefd. We raakten helemaal door het dolle heen, en neef Eric glimlachte en knikte en zei: 'Vis moet heel vers zijn. Bij vis luistert dat nog veel nauwer dan bij groente. Iedere minuut telt.' De vis zelf was in min of meer vierkante stukjes gesneden en smaakte zo zacht en zo ongelofelijk lekker dat we er niet over uit konden. Ik kan het met geen mogelijkheid beter beschrijven. Liccy en ik gingen de volgende morgen naar het restaurant en bestelden er nog wat voor een picknicklunch, maar die waren jammergenoeg een heel stuk minder. Ze waren een dag eerder gevangen. Wat we hiervan kunnen leren, is dat als je ooit zelf vis vangt je hem meteen moet koken. Wacht er niet mee.

Algarviaanse schelpen

Algarviaanse schelpen

RUTH

(4 personen, of 2 wanneer het als hoofdgerecht wordt gebruikt)

1 kilo grote venusschelpen of mosselen
2,5 dl olie (½ maisolie, ½ goede olijfolie)
1 bosje verse koriander, grof gehakt
6 teentjes knoflook, grof gehakt
5 dl witte wijn
sap van ½ citroen
zout en peper

1. Borstel de schelpen of mosselen goed af onder koud stromend water.
2. Verhit de olie in een grote pan met dikke bodem.
3. Doe de koriander en de knoflook in de pan.
4. Enige minuten bakken en vervolgens schelpen, witte wijn, citroensap, zout en peper toevoegen.
5. Deksel op de pan doen en een paar keer omschudden.
6. Wanneer de schelpen opengaan, ze in diepe borden doen met flink wat van het vocht.

Snel opdienen met veel knapperig brood om in het kookvocht te dopen.

Sint-jacobsschelpen met spinazie

FRANÇOIS CLERC

Ideaal voor snobistische yuppie dineetjes, want het ziet er indrukwekkend uit en smaakt verrukkelijk.
Hiervoor zijn 6 eenpersoons vuurvaste soufflépotje nodig.

(6 personen)

2 grote uien
30 gr braad- of gewelde boter
zout, peper en nootmuskaat naar smaak
250 gr gewassen spinazie
16 grote sint-jacobsschelpen
2 tomaten
5 eetlepels room
1 eetlepel citroensap

VOOR DE GARNERING:
tomaat, dunne soldaatjes en kervel

1. Snijd de uien in dunne ringen. Doe ze met de boter in een pan met dikke bodem en smoor ze heel langzaam, 2 uur lang. Vlak voor het einde de spinazie toevoegen en laten meesmoren tot hij zacht is.
2. Hak het spinaziemengsel in grove stukken en kruid het met zout, peper en nootmuskaat.
3. Snijd de sint-jacobsschelpen in dunne plakjes en leg ze op de bodem van de potjes.
4. Verdeel het spinaziemengsel over de potjes.
5. Oven voorverwarmen op 200°C of stand 6.
6. Ontvel de tomaten, haal de zaadjes eruit en pureer ze voor de saus.
7. Voeg room en citroensap toe.
8. Zet de potjes 5 minuten in de oven.

Keer op ieder bord een potje om en lepel wat saus om de inhoud heen.

Moules à l'escargot

Moules à l'escargot

JANE GRIGSON

L.D. Omdat ik altijd erg dol was op dit recept, vroeg ik Eleo, mijn uitgeefster, die Jane Grigson kende en met haar had gewerkt, haar te vragen of we het recept mochten gebruiken. Haar antwoord staat hiernaast. Ik was zo geroerd door deze brief die ze een paar dagen voor haar dood schreef, dat ik haar dochter om toestemming heb gevraagd de brief op te nemen om te laten zien hoe gul en hartelijk Jane Grigson was.

Dit is een betaalbaar gerecht. Met een zak mosselen kun je gemakkelijk zes mensen te eten geven, een stuk of twaalf mosselen per persoon.

VOOR DE MOSSELEN:
1,5 dl witte wijn
een paar takjes peterselie
1 groot rond volkorenbrood

VOOR DE ESCARGOTBOTER:
(genoeg voor ca. 75 mosselen)
350 gr ongezouten boter
60 gr fijngehakte peterselie
50 gr fijngehakte sjalotjes
4 teentjes knoflook
versgemalen zwarte peper
zeezout
beetje citroensap

1. Borstel de mosselen schoon en haal de baarden en de zeepokken eraf.
2. Verwijder de kapotte schelpen.

3. Doe ze in een grote pan met de wijn en de peterselie en sluit de pan.
4. Zet ze een minuut of vijf op een niet te hoog vuur, schud ze een paar keer goed om, tot de mosselen open zijn.
5. Giet ze af en laat ze afkoelen.
6. Oven voorverwarmen op 200°C of stand 6.
7. Meng alle ingrediënten gelijkmatig door de boter.
8. Trek de ene helft van de schelp eraf zodat een halve schelp met de mossel overblijft. Gooi de andere helft weg. Smeer wat boter met een mes over iedere mossel.
9. Snijd het brood horizontaal door in zo dun mogelijke plakken.
10. Maak met een appelboor gaatjes in het brood en leg de mosselen erin. Liefst twaalf mosselen per plak, of anders twee plakken brood met elk zes mosselen per persoon.
11. Leg het brood met de mosselen op een bakplaat.
12. Laat 7-10 minuten in de oven tot de boter is gesmolten en pruttelt.

Meteen opdienen. Het brood dat het knoflooksap heeft opgezogen, zal verrukkelijk smaken.
Probeer het ter afwisseling ook eens met champignonboter.

VOOR DE CHAMPIGNONBOTER:
350 gr boter
90 gr fijngehakte peterselie
60 gr fijngehakte champignons
2 plakken gekookte ham in stukjes
5 teentjes knoflook uit de pers
zout en peper

Meng alle ingrediënten gelijkmatig door de boter en smeer over de mosselen zoals in het voorafgaande recept.

March 3rd, 1990

Dear Eleo,

Yes, of course. I really do not mind if anyone uses any of my recipes, so long as there's an acknowledgement.

In fact surely anyone can use anyone's recipe, so long as they rewrite it, with or without acknowledgement? I rather deplore the habit that has grown up of having to write round to ask permission - it adds to the labour of the book and fulfils no legal obligation. In fact the person quoted ought to be grateful for the free publicity, and humbly recollect the number of times they have pilfered from fellow writers past and present. In cooking originality is rare, it's all a matter of adjustment and balance and I certainly did not invent moules farcies. I suppose the honour ought to go to Melanie, that Breton cook discovered by Curnonsky, and her praires farcies which has become a standard dish of French cookery outside Brittany as well, and which has been adapted to mussels/oysters/other clams.

I am bashing away at English Food, and think that re-publication may fall well with this new turn towards cuisine grande-mère. At the moment things are not to bad on the cancer front, let's hope I can hold up for a few months longer, perhaps even a year or two.

Incidentally the mussel piece you sent me was published in the Observer magazine. One editor (among the many I've managed to survive) had a passion for short weekly pieces, right against the usually more discursive style and length.

Best wishes

Yours

Jane

Gerookte zalmstrudel

JOSIE

Dit kan als voorgerecht of als lichte lunch worden gebruikt.

(Voor 4 individuele strudels)

2 eieren
1 ons gerookte zalm, plakken of snippers
3 dl room
55 gr boter
1 theelepel bloem
2 theelepels gehakte bieslook of dungesneden lenteuitjes
zout
sap en geraspte schil van 1 citroen
4 vellen bladerdeeg

1. Kook de eieren hard. Koud laten worden, pellen, fijnhakken en in een kom doen.
2. De gerookte zalm fijnsnijden en bij de eieren doen.
3. Breng de room in een steelpannetje aan de kook.
4. Roer in een andere kom 1 theelepel boter met de bloem tot een pasta en klop dit door de room tot hij dik wordt.
5. Roer de eieren, de zalm, de bieslook of de uitjes, met het sap en de schil van de citroen door elkaar, breng het op smaak met zout en laat afkoelen.
6. Oven voorverwarmen op 200°C of stand 6.
7. Smelt de rest van de boter.
8. Leg een vel bladerdeeg op een schone, droge, vlakke ondergrond en kwast er wat boter op.
9. Dubbelvouwen. Doe het zelfde met de andere vellen.
10. Leg gelijke hoeveelheden van het zalmmengsel op het uiteinde van het vel, vouw de randjes om en rol het vel op.
11. Leg 15 minuten in de oven tot de rollen knapperig en goudbruin zijn geworden.

Meteen opdienen met aangemaakte waterkerssla en croûtons (in knoflookboter gebakken stukjes brood).

Zalm en gerookte schelvistartaar

PIP

Een heerlijk zomerrecept.
De vis moet 4-5 uur marineren, de komkommer 2 uur.

(4 personen)

2-3 eetlepels fijngehakte dille
1,5 dl zure room
sap van ½ citroen
zout en peper
170 gr verse zalm in dobbelsteentjes
170 gr gerookte schelvis (of kippers) in dobbelsteentjes
4 theelepels witte wijnazijn
2 theelepels suiker
1 gepelde en dungeschaafde komkommer
wat takjes verse dille voor de garnering

1. Maak de marinade van de fijngehakte dille, de zure room, het citroensap met zout en peper naar smaak.
2. Leg de blokjes vis op een grote platte schotel en giet er de marinade overheen. Laat 4-5 uur marineren.
3. Meng intussen de azijn, de suiker, wat zout (niet te weinig) en peper naar smaak. Laat de komkommer 2 uur in dit mengsel marineren.
4. Giet het teveel aan marinade af, het grootste deel blijft toch aan de visblokjes hangen.
5. Vul een eenpersoons soufflépotje met een kwart van het vismengsel en keer het om op een bord. Doe dit viermaal.
6. Giet de komkommer af en leg de schijfjes overlappend om de vis heen.

Garneren met dille en opdienen met warm stokbrood.

Snoek quenelles

MARWOOD YEATMAN

Op zomerochtenden staan hengelaars vaak bij de deur van Bob, de visboer, te wachten tot zijn winkel opengaat om hem de zalm te verkopen die zij zojuist in de vijver bij de brug in het dorp of in de rivier bij de dam hebben gevangen. Toen ik er een keer om acht uur 's morgens langskwam stond een jongen in de deuropening met een snoek. Zijn staart raakte de grond en zijn kop kwam tot halverwege de borst van de jongen.

Een paar minuten later stond ik bij Bob en de jongen achter in de winkel. De snoek lag op de vloer. Hij was zo dik als een zalm, meer dan een meter lang en zijn enorme opgezwollen bek, die een beetje openstond, was zo breed als een hand. Ik kon de tanden zien.

'Wat een vis, hè,' zei Bob. 'Ik ben blij dat ik hem niet helemaal hierheen hoefde te sjouwen.'

De jongen glimlachte trots. Ik bekeek de snoek.

'Was het een vechtersbaas?' vroeg ik de jongen.

'Nou en of!'

De zon viel door het raam op de snoek en deed zijn ogen en zijn vel glinsteren. Hij was in een uitstekende conditie, zilver van onderen, goud gestroomlijnd en diep donkergroen op zijn rug, de kleur van het riet in de rivier.

'Wil jij hem?' vroeg ik aan Bob.

'Maakt me niet uit.'

Ik wendde me tot de jongen. 'Hoeveel moet je ervoor hebben?'

'Tien pond.'

Ik ging er niet op afdingen en betaalde hem. Hij stopte het geld in zijn zak, bedankte ons en ging weg. Bob pakte de vis op bij zijn ogen, de gemakkelijkste manier om een snoek beet te pakken en sloeg hem met enige moeite aan de haak van de weegschaal. We bekeken zijn gewicht.

'Is er feest bij jullie?' vroeg hij.

'Nee.'

'Bij iemand anders dan?'

'Niet vandaag.'

'Wat gaat u dan in vredesnaam doen met twaalfeneenhalve kilo snoek?' Ik voelde aan de brede schouders van de vis en aaide met mijn hand over zijn rug, langs de vin, naar de breed uitwaaierende, krachtige staart.

'Dat weet ik nog niet,' zei ik. 'Ik *moest* hem gewoon kopen.'

De snoek is een lichtende schaduw tussen de andere vissen tot ze voelen dat hij honger krijgt en maken dat ze uit zijn buurt komen. Dan stelt hij zich verdekt op in een zijriviertje of rietkraag en wacht af. Hij is steels, ongeremd, snel en woest; hij valt snel en gewelddadig aan en laat de rivier onheilspellend stil achter. Een snoek is meer dan een haai. Hij is de dood in eigen persoon. Hij valt zalmen, forellen en karpers aan die net zo groot zijn als hij zelf of zelfs nog groter, en hij verzwelgt ze in verschillende stadia, net zoals kikkers, vogels en zelfs naaste familieleden. Het is niet ongewoon om snoek in de snoek in een snoek te vinden, of jonge eendjes die achter hun moeder aanzwemmen met een sinistere plop van het wateroppervlak te zien verdwijnen. Niets kan zo vernietigend zijn in zoet water, niets kan groter worden en grote daden verrichten die meestal schromelijk worden overdreven door mensen, maar toch nooit helemaal weggewuifd kunnen worden. Een blik op de duistere sloten en griezelige poelen in het westen en de moerassen van Whittlesey Mere is genoeg om een beeld op te roepen van een monsterachtig grote snoek die zwanen vangt in volle vlucht, die muildieren en melkmeisjes grijpt en herdershonden verdrinkt. Alleen baars en zeelt zijn veilig voor hem, weten we. Voor andere slachtoffers is verzet zinloos na zijn beet. Het is onmogelijk te ontsnappen aan die angstaanjagende kaken vol vlijmscherpe tanden die allemaal naar binnen gericht staan.

Het seizoen voor snoek is van juli tot maart. Als ze ooit in de winkel verschijnen is het meestal in de herfst of vroeg in de winter, handig voor Kerstmis. Hun hom is een braakmiddel, misschien zelfs wel giftig.

De hoge prijs die snoek in de middeleeuwen opbracht in Engeland is vandaag de dag moeilijk te begrijpen. Zelfs het mooiste, dikste exemplaar smaakt en ruikt meestal gronderig. Je kunt weinig doen met een grote vis behalve roken. Van een kleine snoek of een stuk van minder dan 2 kilo moet men quenelles maken, de bloemige noedels van de Edwardiaanse tafel. Daarvoor is snoek even goed of zelfs beter dan zalm, kip of kalfsvlees. Het heeft precies de goede gelatineachtige substantie en krijgt op de een of andere manier een lekkere smaak door de andere ingrediënten.

Quenelles kom je tegenwoordig niet vaak meer tegen buiten de restaurants. Het is een lastig werkje, meer iets voor professionele koks, maar niets dat zo verfijnd is, is zo gemakkelijk op te dienen en zo goedkoop. Van een snoek van krap twee kilo, gekregen van een jachtopziener, kun je een paar dozijn quenelles maken. De enige kosten zijn de tijd en het werk die je er in steekt.

Snoek quenelles

Van 450 gr vis maak je ca. 15 quenelles

De snoek eerst fileren en ontvellen. Verwijder de lastige hakerige graten met een tang. Pureer het vlees met een keukenmachine of groentemolen. Weeg het en doe het volgende met iedere 450 gr vis.

VOOR HET SOEZENDEEG:
55 gr boter
3 dl water
115 gr bloem
2 eieren

VOOR DE VIS:
1,5 dl garderoom
½ afgestreken theelepel zout
¼ afgestreken theelepel peper

VOOR DE SAUS:
1 eetlepel boter
1 kleine ui
1 glas droge, witte wijn
8,5 dl béchamelsaus gemaakt van
45 gr boter, 45 gr bloem en melk
ca. 100 gr verkruimelde belegen Cheshire
of Lancashire kaas
1,5 dl garderoom
peper en zout naar smaak

1. Voor het soezendeeg de boter met het water in een pannetje doen en aan de kook brengen.
2. Als de boter gesmolten is de pan van het vuur halen en de bloem er in één keer bijdoen. Roer de klonten eruit.
3. Op laag vuur door laten koken, flink roeren tot het deeg van de zijkant van de pan loslaat. Pan van het vuur halen, deksel erop en even laten afkoelen.
4. Meng de eieren erdoor.
5. De ingrediënten voor de vis met het snoekvlees vermengen en daarna het deeg erdoor roeren. Wrijf alles door een zeef. Goed koud laten worden, want koud is het mengsel het gemakkelijkst te verwerken.
6. Zet een pan met heet water op het vuur en breng het aan de kook. Zet een bakje heet water klaar om je handen in te dompelen, zodat de balletjes er niet aan vast blijven kleven. Rol een balletje van het koude mengsel ter grootte van een henneëitje, mooi glad, zonder scheurtjes. Gooi ze meteen in het water dat net tegen de kook aan is. Doop voor het rollen steeds je handen in het water. Sommige koks doen het met grote lepels, maar ik vind dat moeilijker. De balletjes zullen eerst zinken, maar komen al snel weer bovendrijven.
7. 15-20 minuten laten pocheren. Prik er voorzichtig in: wanneer de balletjes stevig aanvoelen en er opgezwollen uitzien zijn ze gaar. Haal ze er met een schuimspaan uit en laat ze uitlekken. Leg ze opzij tot je ze nodig hebt. Laat ze altijd eerst tot kamertemperatuur afkoelen voor je ze in de ijskast of diepvries doet. Het quenelle-deeg kan ook in de oven worden gebakken, zo wordt het in restaurants meestal gedaan. Gebruik beboterde eenpersoons vormpjes of een vuurvaste schotel in een bak met heet water in een voorverwarmde oven op een temperatuur van 150°C of stand 2, gedurende 50-75 minuten (afhankelijk van de grootte). Wanneer de inhoud loslaat van de kant is het gaar en kan het gemakkelijk worden gekeerd. In plakken snijden en opdienen met de saus.
8. Voor de saus boter in een pan smelten, ui erbij doen en smoren tot hij zacht is.
9. Wijn toevoegen en tot de helft laten inkoken.
10. Vuur laag zetten en de béchamel erdoor roeren.
11. De kaas toevoegen en laten smelten.
12. Maak het romig met de room en voeg zo nodig peper en zout toe.
13. Vóór het opdienen van de quenelles, ze in een ingevette vuurvaste schotel doen, met vetvrij papier bedekken en ca. 1 uur in de oven zetten op 150°C of stand 2. Giet de hete saus over de quenelles en dien ze op.

Snoek quenelles

Betty d'Abreu

SPIV BARRAN

Mijn moeder werd in 1906 geboren als Elizabeth Throckmorton. Ze kwam uit een belangrijke opstandige roomskatholieke familie, met een stamboom die teruggaat tot vóór Willem de Veroveraar. Een vroegere Elizabeth Throckmorton had zich koningin Elizabeth's ongenoegen op de hals gehaald door met Sir Walter Raleigh te trouwen. 'Betty' was gewend aan maaltijden die op de traditionele wijze van de hoogste klassen werden bereid door een kok en een stel keukenmeiden en die werden opgediend door een butler en een dienstmeisje.

Maar toen ze een jonge vrouw was geworden, stapte ze uit de kringen waar ze toe behoorde, en werd verpleegster in het St.-Thomas Hospital. Zij was iemand die net als haar dochter, Liccy Dahl, niet werkeloos het lijden kon aanzien van mensen die het minder goed hadden dan zij zelf. Ze moest helpen, rustig en efficiënt.

Als verpleegster ontmoette ze mijn vader, Pon d'Abreu, een fantastisch knappe jonge dokter, en ze trouwden tegen de wens van haar familie in. In het begin moest ze heel karige maaltijden bedenken omdat ze heel weinig geld hadden. En daarna had ze te kampen met de voedseltekorten en de rantsoenering in oorlogstijd. Later onthaalde ze haar familie en vrienden en ook, op een wat luxueuzer schaal, bezoekende doktoren, vaak afkomstig uit verre landen. Tegen die tijd was mijn vader professor in de chirurgie geworden aan de universiteit van Birmingham.

Mijn moeder heeft haar eigen kookboeken altijd goed bewaard. Er stonden keurig uitgeschreven recepten in, afkomstig uit de Throckmorton keukens in Coughton, andere overgenomen uit kranten of tijdschriften of van vrienden, en ook recepten die ze zelf had bedacht. Ze besteedde veel zorg aan de presentatie van het eten, het tafeldekken en de bloemen. Haar artistieke trots verbood haar ooit iemand anders de tafel te laten dekken met Kerstmis.

Mijn vader was een moeilijke eter. Hij kon koud eten niet door zijn keel krijgen, dus dat werd beperkt tot de lunches op weekdagen: jammer voor hem, want haar salades waren voortreffelijk. Mijn moeder wist altijd aan mijn vaders smaak tegemoet te komen en toch een vleugje originaliteit aan de maaltijden toe te voegen, zoals het hier volgende recept aantoont. De nadruk lag bij haar altijd op evenwicht, misschien het gevolg van haar opleiding als diëtiste.

Ze was op bescheiden schaal een levensgenietster, met een mollige gestalte, die zo nu en dan een vergeefse poging deed tot afslanken. Ze was in haar element aan het hoofd van een welvoorziene tafel met familie en vrienden. En alle drie haar dochters zijn precies zo.

Betty d'Abreu's erwtenschotel

L.D. Wanneer de tijd van de doperwtjes aanbrak werd de hele familie in de tuin verzameld om de ingrediënten voor dit verrukkelijke, fijne gerecht te plukken en te doppen, dat we altijd als voorgerecht aten omdat het te machtig is om als bijgerecht te dienen. Alleen de kleinste erwtjes kwamen in aanmerking, de grotere werden bewaard als groente voor de volgende dag. Het werd een echt zomerritueel.

Echt verse doperwtjes maken dit gerecht tot iets speciaals. Maar de beste kwaliteit diepvrieserwtjes kunnen er ook voor worden gebruikt.

(6 personen)

6 lenteuitjes
1 pond gedopte erwtjes
1 theelepel suiker
60 gr rauwe ham
1,5 dl garderoom
zout en zwarte peper
¼ theelepel geraspte nootmuskaat

1. Hak de uitjes in stukken van 2,5 cm en kook ze met de erwtjes en de suiker ca. 3 minuten in water.
2. Snijd de ham in repen van 2,5 cm (Dit gaat het best met een scherpe schaar.)
3. Breng de room met het zout, de peper en de nootmuskaat bijna aan de kook en giet dit bij de afgegoten erwtjes en uien, die met de ham in een vuurvast schoteltje zijn gedaan.
4. Nog 15 minuten in een warme oven zetten op een temperatuur van 180°C of stand 4 en opdienen.

Stilton pâté

ANNE

Dit gerecht is uitstekend als voorgerecht te gebruiken of bij het staartje van de wijn na het hoofdgerecht. Het dient 2 uur gekoeld te worden voor het wordt opgediend.

(6 personen)

225 gr vette roomkaas
2 eetlepels droge witte wijn
2 eetlepels garderoom
170 gr stilton kaas, fijngeraspt zonder korst
30 gr fijngesneden bleekselderie
1 eetlepel fijngehakte sjalotjes
1 eetlepel fijngehakte peterselie
versgeraspte nootmuskaat
zout en peper

1. In een mixer of keukenmachine de roomkaas met de wijn en de room kloppen tot een zacht, romig mengsel.
2. Stilton kaas, selderie, sjalotjes, peterselie toevoegen en met nootmuskaat, zout en peper op smaak brengen.
3. Maak van dit mengsel een stevige gladde rol van 4 cm doorsnede. Rol er plastic folie omheen, maak de uiteinden dicht en koel het ca. 2 uur.

Snijd de pâté in plakken en dien op met toast.

Tomaten gelatine-rand

ARABELLA BOXER

Dit is een iets gewijzigd recept van Arabella Boxer, dat bij uitstek geschikt is voor een lopend buffet. Het kan het beste worden klaargemaakt in een ringvorm van 1,5 liter inhoud.

(10-12 personen)

800 gr gepelde tomaten in blik
ruim ½ liter kippebouillon
6 plakken ui
2 selderiestengels of ½ theelepel selderiezout
4 takjes peterselie
2 laurierblaadjes
10 peperkorrels
1 theelepel suiker
wat cayennepeper
zout en zwarte peper
25-30 gr gelatinepoeder (3 zakjes)

1. Doe alle ingrediënten, behalve het gelatinepoeder, in een pan en breng langzaam aan de kook. Deksel erop en 20 minuten zachtjes laten koken.
2. Haal de laurierblaadjes eruit en pureer alles in een keukenmachine of een groentemolen en zeef het. Er moet minstens ¾ liter vocht overblijven. Zout en peper naar smaak toevoegen.
3. Los het gelatinepoeder op in zoveel warm water dat het te zamen met het gezeefde vocht 1 liter wordt. Giet het erbij en meng het goed.
4. Giet het in een ringvorm en laat het afkoelen.

Doop de vorm vóór het opdienen een paar seconden in heet water, keer hem om op een schaal en vul het midden op met kleingesneden harde eieren, vermengd met een beetje room en een theelepel fijngehakte bieslook. Of: komkommerblokjes met garnalen, vermengd met 5 eetlepels room of yoghurt, twee theelepels olijfolie, een theelepel citroensap, zout, peper en cayennepeper.

Tomaten gelatine-rand

Town Farm

May en Alan Bedford

R.D. In ons dorp ligt aan de hoofdstraat een boerenbedrijf waar je je in de zestiende eeuw waant zodra je een voet op het erf zet. Kalfjes worden geboren en grootgebracht in de oude koeiestallen, allerlei soorten kippen en eenden scharrelen rond, fretten staren je met hun varkensoogjes aan vanuit hun houten kooien, ontelbare oude en jonge katten sluipen rond de hooibergen en vroeg in de lente lopen er altijd wel een of twee moederloze lammetjes op het erf die met de fles worden grootgebracht.

De reusachtige oude schuur is een wonder om te zien, maar de massieve balken zijn meestal aan het oog onttrokken door de hooibalen die tot aan de nok staan opgestapeld. Roestige oude ploegen en andere gehavende werktuigen liggen her en der in de schuren onder kapotte wagenwielen en merkwaardige ijzeren instrumenten uit lang vervlogen tijden.

Uit de warboel van struiken en brandnetels achter de schuren en stallen schijnt alles voor Alan Bedford beter te groeien dan voor anderen. Zijn kersen zijn groot en zwart. Zijn rode aalbessen zijn zo groot als druiven en zijn peren zijn zoet en sappig. Maar bovenal zijn de eieren die zijn rondscharrelende kippen leggen, de beste die er te krijgen zijn. In ons huis worden nooit andere gegeten. We boffen daar geweldig mee. We krijgen ze in ruil voor het grazen dat Alans jonge dieren in onze boomgaard mogen doen.

Een van de heerlijkste maaltijden ter wereld bestaat simpelweg uit twee gebakken eieren van Alan Bedford en drie flinke plakken bacon van Richard Woodall in Cumberland. De Woodalls handelen al zeven generaties lang in ham en bacon in het kleine dorpje Waberthwaite.

Ze verkopen er een soort Parma ham (misschien wel beter en in ieder geval een stuk goedkoper dan het Italiaanse soort, al wordt hij op precies dezelfde wijze te drogen gehangen) met of zonder bot, hun eigen Cumberland ham, rauw of gekookt, en natuurlijk hun zelfgerookte bacon, die ze in zijden van 60 cm verkopen, zo dik als je arm.

Oeufs en gelée

R.D. Dit is een van de mooiste, heerlijkste gerechten die ik ken, maar het is erg moeilijk om het goed te maken. Als het je lukt de eieren niet alleen zacht van binnen maar ook loszwevend in de aspic te krijgen, zonder dat de aspic te hard is, dan heb je een wonder verricht.

Oeufs en gelée

JOSIE

De hoeveelheden voor dit gerecht hangen af van het aantal mensen en de grootte en de vorm van de schotel. Het is de moeite waard het een keer te oefenen voor je dit voor de eerste keer serveert. Je hebt er veel tijd en geduld voor nodig. (Het gerecht is natuurlijk veel eenvoudiger te maken en zal heus net zo lekker smaken als je het in eenpersoons soufflépotjes maakt.)

ca. 10 eieren
1 liter krachtige kippebouillon
2 liter water
50 gram aspic (verkrijgbaar bij een goede delicatessenwinkel)
1 bosje fijngehakte verse dragon

1. Leg de eieren 3½-4 minuten in kokend water. Laat ze schrikken onder de koude kraan en pel ze heel voorzichtig.
2. Breng de kippebouillon met het water aan de kook in een grote pan.
3. Los de aspic erin op en laat het afkoelen.
4. Zorg dat de schaal waarin wordt opgediend schoon is.
5. Zet een kom even in het vriesvak. Giet er wat van de aspic in en voeg wat fijngehakte dragon toe. Af en toe roeren tot het op het punt staat te gaan stollen.
6. Giet het dan over in de schone schaal en laat het stollen.
7. Leg een paar eieren op de gestolde aspic.
8. Giet nog wat aspic in de opnieuw gekoelde kom, voeg dragon toe en roer af en toe tot het punt van stollen is bereikt.
9. Giet het dan snel en voorzichtig over de eieren die op de vast geworden aspic liggen. (Het is belangrijk de hoeveelheid aspic die nodig is om de eieren te bedekken, goed te schatten. Ook is de bedoeling dat de dragon door de aspic zweeft en niet bovenop komt drijven.)
10. Herhaal de handeling tot de eieren op zijn. Neem ruim de tijd, tot de laatste eieren stevig in de aspic vastzitten.

Zet de schaal op tafel en laat de gasten zelf hun ei eruit lepelen.

Callie's Quiche

L.D. Dit heerlijke gerecht toont aan dat er altijd kans is op een geluk bij een ongeluk. Callie had een Frans vriendje, die in onze familie bekend stond als de 'frog' (kikker). Hij woonde met zijn moeder ergens in Frankrijk, en net als veel andere moeders, vooral de Franse, kon moeder Frog voortreffelijk koken. Haar *pièce de résistance* was haar quiche. Callie was zo verstandig haar te vragen om een lesje in quichemaken. Normaalgesproken zou moeder Frog er niet over gepiekerd hebben om haar geheimen met een buitenlands meisje te delen, maar dit meisje was verliefd op haar aanbeden zoon en vice versa, dus stemde de oude dame toe en wijdde Callie in in de geheimen van de Franse quiche. Callie kon al goed koken, dus nam ze alles goed in zich op, en toen ze bij ons kwam deed ze ons versteld staan van haar fantastische quiche. De liefde vervloog helaas, maar de quiche bleef.

Callie's quiche

Mijn oudste dochter, Neisha, had ook een keer een korte romance met een Franse jongen, en ze kwam vaak bij zijn moeder, maar zij wist haar geen geheimen te ontfutselen. Neisha had waarschijnlijk te veel scrupules. Maar een toegewijde kok hoort geen scrupules te hebben als het gaat om stelen van andere koks. Rozen verwelken, liefdes vergaan, maar de recepten blijven altijd bestaan.

Callie's quiche

(8 personen)

PÂTÉ À PÂTE:
3 ons bloem
½ theelepel zout
200 gr margarine
2 eierdooiers
op zijn hoogst 3 theelepels water

VOOR DE VULLING:
85 gr boter
1 grote fijngesneden ui
85 gr bloem
ca. ½ liter melk
115 gr geraspte kaas
Dijon mosterd naar smaak
cayennepeper naar smaak
zout en peper naar smaak
ongeveer 225 gr doorregen rookspek, knapperig gegrilld of uitgebakken, gesneden of in stukjes gebroken
6 gescheiden eieren

1. Voor het deeg de bloem en het zout in een kom van de keukenmachine zeven. Voeg er de aan blokjes gesneden margarine aan toe. Laat met deegbladen van de keukenmachine draaien tot het deeg op broodkruim lijkt.
2. Tijdens het draaien 2 eierdooiers toevoegen en net genoeg water om het deeg te binden.
3. Kneed het deeg luchtig tot een bal. Wikkel het in plastic folie en zet het minstens 30 minuten in de ijskast.
4. Oven voorverwarmen op 200°C of stand 6.
5. Een ondiepe vuurvaste schaal met een diameter van 28 cm invetten en het deeg dun uitrollen. Bekleed de schaal met het deeg. Zorg dat er geen lucht onder blijft zitten.
6. Prik er gaatjes in met een vork en laat het 20 minuten droogbakken.
7. Hierna de oven op 220-230°C of stand 7-8 zetten.
8. Voor de vulling boter smelten, de ui erin smoren tot hij zacht is, bloem toevoegen en een roux maken.
9. Al roerend kleine scheutjes melk erbij doen tot de saus dik wordt en van de kant loslaat.
10. Voeg de andere ingrediënten toe, behalve de eiwitten.
11. Klop de eiwitten stijf en spatel ze behoedzaam door de vulling.
12. Giet de vulling in de korst en zet ruim 30 minuten terug in de oven.

Meteen opdienen om het soufflé-effect te behouden.
Een groene sla smaakt er uitstekend bij.

HOOFDGERECHTEN

Gebraden patrijzen met jeneverbesvulling 60

Gestoofde Alpensneeuwhoen 61

Zatte haas 61

Thaise kip 62

Romige kipcurry met yoghurt 64

Mormors kip 69

Kipschotel met avocado 70

Noorse gehaktballetjes 70

Gezouten rosbief met kruidennoedels 72

Roalds ossestaartsoep 73

Vorstelijk lendestuk 74

Pastei van rundvlees met ingemaakte walnoten 76

Tessa's gevulde lamsbout 81

Lamsvlees met abrikozen in deeg gevlochten met uiensaus 82

Paaslam met meiraapjes 83

Irish Stew 84

Geroosterde varkensrollade met hazelnootvulling 84

Marius' ham 85

Noorse vispudding 89

Gegrillde kreeft met hete kruidenboter 91

Spivs Koulibiaka variant 92

Zalmkoekjes met dillesaus 92

Zeeduivel met prei en limoensaus 94

Paella salade 97

Spivs favoriete pastasaus 97

Fran Collins' pastasaus 98

Moussaka-achtige lasagne 98

Pikante krokodil 100

Een heerlijk diner

R.D. Onlangs bracht Rosie een paar patrijzen mee terug van een weekendje bij haar ouders in Suffolk. Omdat ze al een tijdje hadden gehangen, besloten we ze dezelfde avond nog te eten. We nodigden mijn zusters, Alfhild en Else, voor het eten uit, dus die avond bestond het gezelschap uit Liccy en ik, Theo, Josie, Alf en Else.

Geen geknoei met mooie, jonge patrijzen, daar waren we het allemaal over eens. Gewoon simpel braden.

Ik ben over het algemeen geen bourgognedrinker maar ik was me ervan bewust dat beneden in de kelder al lange tijd een paar heel speciale flessen lagen, misschien zelfs wel al te lang voor bourgogne. De ene fles was de laatste van de heerlijkste bourgogne die ik ooit heb geproefd, een Chambolle Musigny (Grivelet) 1970, ter plaatse gebotteld en genummerd. De andere was een Musigny (Clair-Deu) 1970. Ze waren dus allebei negentien jaar oud, en dat is een tikje oud voor een bourgogne. Die drinken we vanavond op, zei ik tegen mezelf, en ik bracht ze naar boven.

Ingeschonken in het glas verbaasden ze me. Ze waren allebei dieprood van kleur, zonder de geringste neiging tot bleek of bruin worden, maar de Chambolle was iets waar je alleen maar van droomt. Het zal de combinatie geweest zijn van een volmaakte wijn met absoluut volmaakt eten, dat dit dineetje zo bijzonder maakte dat we het geen van allen ooit zullen vergeten.

De gebraden patrijzen werden opgediend op *croûtes* met broodkruim, broodsaus en jus, met daarbij voortreffelijk gekookte spruitjes en gebakken aardappeltjes. Het dessert bestond uit eigengemaakt vanille-ijs en geflambeerde bananen met Grand Marnier.

Een feestmaal om nooit te vergeten

ALFHILD HANSEN

In de oorlog woonde mijn moeder met twee van haar dochters, Else en ik, in een klein arbeidershuisje in een nogal afgelegen dorpje, Grendon Underwood, in Buckinghamshire. We waren omgeven door boerderijen en boeren van wie we een aantal goed leerden kennen, maar vooral de familie Curtis. Het was een bijzondere gelegenheid toen mevrouw Curtis ons uitnodigde voor het eten. In die tijd was alles op de bon en mensen zoals wij mochten blij zijn als we een ei, een liter melk en drie ons boter per week konden krijgen.

Toen de deur van de boerderij openging kwamen ons heerlijke etensgeuren tegemoet; we voelden warmte en zagen vrolijk lachende gezichten. Mevrouw Curtis kookte op een groot oud ijzeren fornuis. Van het eten dat mevrouw Curtis op tafel zette sloegen wij, gewend als we waren aan magere oorlogsrantsoenen, steil achterover. Er stonden twee malse Aylesbury eenden gevuld met kruiden uit haar tuin, eigengebakken brood en boerenboter, knapperig bruingebakken aardappeltjes, en appelmoes die heerlijk op smaak was gebracht met kruidnagelen. En alsof dat allemaal nog niet genoeg was, verscheen er daarna nog een enorme stomende appeltaart met massa's dikke gele room. Echte room! We konden onze ogen niet geloven! En bij dat alles was er mevrouw Curtis' krachtige eigengemaakte rabarberwijn in grote bekers. Na het eten stond meneer Curtis van tafel op, ging aan de oude piano zitten en begeleidde zichzelf bij het lied 'Cockerels and Muscles, Alive Alive-oh'. Het was een gedenkwaardige maaltijd, op dat moment middenin die vreselijke oorlog, en ik zal hem nooit vergeten.

Gebraden patrijzen met jeneverbesvulling

JOSIE

(6 personen)

VOOR DE VULLING:
18 jeneverbessen
170 gr gekookte ham, grof gesneden
3 middelgrote uien, grof gesneden
de schil van 2 citroenen
115 gr boter
1 ei
gedroogde marjolein
140 gr wittebroodkruim
zout en peper

VOOR DE VOGELS:
6 patrijzen
1 citroen
12 plakken ontbijtspek
85 gr boter
1,2 dl witte wijn
7 dl gevogelte- of kippebouillon
1 in plakken gesneden ui
1 laurierblad
6 sneden brood zonder korst
boter om croûtes te bakken van het brood
een beetje maizena
zout en peper

VOOR DE GARNERING:
1 bosje gewassen waterkers

1. Oven voorverwarmen op 190°C of stand 5.
2. Kneus de jeneverbessen.
3. Maal de grofgesneden ham en ui heel even in een keukenmachine.
4. Doe het mengsel in een kom en voeg de citroenschil en gesmolten boter toe.
5. Klop het ei, meng het erdoor samen met marjolein, broodkruim, zout en peper.
6. Doe de vulling in de borst van de vogels.
7. Leg de patrijzen in een braadslee en pers de citroen erover uit.
8. Bardeer ze met spek en smelt de boter en kwast ze ermee in.
9. Giet de wijn en de 7 dl kippebouillon erbij, voeg ui en laurierblad toe en braad ze 30 minuten. Bedruip ze herhaaldelijk met de bouillon.
10. Verwijder het ontbijtspek en braad ze nog een kwartier tot ze bruin zijn.
11. Bak intussen de sneden brood in boter goudbruin.
12. De vogels wanneer ze gaar zijn, ieder op een croûte leggen. Leg ze op een schaal en houd ze warm, terwijl je de jus maakt.
13. Schep het vet van het kookvocht af, maakt de maizena aan met een beetje overgebleven bouillon en giet het met de rest van de bouillon al roerend in de braadslee. Breng roerend aan de kook, laat doorkoken en schraap alle aanbaksels van de bodem af, ter versterking van de smaak.
14. Als de jus de juiste dikte heeft (tamelijk dun) kruiden, zeven en in de juskom gieten.

Garneer de vogels met waterkers en dien ze op met gebakken broodkruim en evt. gebakken aardappeltjes.

Gestoofde Alpensneeuwhoen

ELSE LOGSDAIL

Dit was altijd een traktatie wanneer we in Noorwegen aankwamen voor de zomervakantie en bij onze grootouders in Oslo gingen eten. Het was steeds een heel feestelijke gelegenheid. Onze grootvader zat tevreden in zijn schommelstoel zijn lange pijp te roken. Onze tantes waren op de veranda met een naald op zoek naar wurmpjes in een grote schaal frambozen en onze grootmoeder was overal druk in de weer. Heerlijke geuren stegen op uit de keuken en wanneer we eindelijk gingen eten, glinsterde de tafel in het kaarslicht van het oude zilver en het glas, en hield onze grootvader een korte welkomstrede.

Omdat sneeuwhoen hier niet gemakkelijk te krijgen is, kan dit worden vervangen door korhoen.

(4 personen)
4 plakken mager rookspek (ontbijtspek)
4 vogels
170 gr boter
1 liter water
1 liter melk
een snufje zout
2 klontjes suiker
eventueel 1 plak Gjetost (bruine Noorse geitekaas)
85 gr bloem
2 theelepels bouillonpoeder

1. Bind een plak rookspek over de borst van elke vogel.
2. Smelt 170 gr boter in een pan met dikke bodem en braad de vogels rondom aan.
3. Breng het water en de melk aan de kook en giet dit langzaam uit over de vogels. Laat 2-3 uur, afhankelijk van de leeftijd van de vogels, zacht sudderen met het deksel op een kier. Voeg het laatste halfuur zout, suiker en Gjetost toe.
4. Haal de vogels eruit en zeef de bouillon.
5. Maak de jus in een andere pan. Smelt de rest van de boter en voeg de bloem toe. Roer goed door elkaar en giet als het een roux geworden is, beetje bij beetje de bouillon erbij. Doe het bouillonpoeder erin en breng op smaak.
6. Leg de vogels in een diepe schotel en giet de jus eroverheen.

Serveren met een groene groente, gebakken krielaardappeltjes en *tittibaer*, cranberrygelei.

Zatte haas

MARIUS BARRAN

Eerst een haas vangen. Ik heb mijn eerste haas gedood toen ik veertien jaar oud was. Mijn broer Julian en ik leerden schieten van de jachtopziener van de plaatselijke landeigenaar, Lord Hilton. Na heel wat mislukte pogingen schoot ik eindelijk met behulp van de jachtopziener een haas in een stoppelveld met een .410 geweer.

Een week later werd hij door mijn moeder bereid. Hij smaakte verrukkelijk. Sindsdien heb ik heel wat hazen klaargemaakt en gegeten, sommige van straat opgeraapt en andere gekocht. Het gaat erom precies te weten hoe oud de haas was toen hij stierf en hoe lang hij al dood is. Een jonge haas, die je kunt herkennen aan het kleinere formaat, het slanke lijf en het kleine knobbelige uitsteeksel op de voorpoot, hoeft maar drie of vier dagen te hangen. Een oudere haas zonder die knobbel, met een groter en zwaarder lijf, die wel 4,5 kg kan wegen, moet zeven tot tien dagen hangen. De haas moet aan zijn achterpoten worden opgehangen op een koele plaats met zijn kop in een plastic zak om het bloed op te vangen, dat bewaard moet worden voor de bereiding. Als je een haas bij de poelier koopt, vraag dan hoe lang hij al dood is.

Het aantal mensen dat ervan kan eten, wordt bepaald door de grootte van de haas.

MARINADE

Het is doorgaans aan te bevelen de haas te marineren. Dat kan worden gedaan met een aantal ingrediënten.

Leg de stukken haas in een gietijzeren of aardewerken pot met 1,5 dl olijfolie, 3 eetlepels ciderazijn (of het sap van een citroen), een half glas rode wijn, 5-6 fijngesneden knoflookteentjes, jeneverbessen, laurierblad, thijm, peper en zout. Haas is droog vlees. Men zou nog meer knoflook en citroensap kunnen nemen omdat zij allebei de smaak effectief versterken. Doe het deksel op de pot en laat 12-24 uur staan. Keer de stukken minstens eenmaal om.

DE BEREIDING

Hak 2-3 uien en bak ze langzaam in een mengsel van 50 gr gezouten boter en ½ dl olijfolie. Voeg 100 gr in stukjes geneden vet spek toe. Doe de stukken haas erbij, en ook het hart, de lever, de longen en de nieren (want deze versterken de smaak van de jus). Keer de stukken haas tot ze aan alle kanten bruin zijn. Giet een halve fles rode wijn over het vlees (het mag best goedkope wijn zijn, als hij maar niet zuur is). Voeg het hazebloed toe wanneer de wijn heet is en roer tot er damp afkomt, maar het mag niet koken.

Oven voorverwarmen op 200°C of stand 6. Leg de stukken haas in een vuurvaste schotel met deksel, giet de saus erbij en genoeg marinade dat de stukken onderstaan. En zet de schotel met deksel in de oven. 2 Uur laten stoven. Keer het vlees twee keer en zorg dat het onder blijft staan. Zo nodig bijvullen met marinade, of met een mengsel van half wijn/half water.

De haas wordt opgediend met het vocht en bestrooid met een mengsel van fijngesneden koriander, citroenrasp en knoflook. Rode bessengelei smaakt er goed bij en *root artichokes*, kastanjepuree, rode kool en gebakken of gekookte aardappels. Geen van de ingrediënten is verplicht, behalve de wijn, het citroensap, de knoflook en de haas.

Succes!

Thaise kip

PIP

De kipfilet moet een nacht marineren.

(6 personen)

MARINADE:
6 eetlepels sojasaus
2 eetlepels gemalen komijn (djinten)
3 eetlepels scherpe Madras kerriepoeder
1 eetlepel koenjit
3 uitgeperste tenen knoflook
4 eetlepels zoete chilisaus
3 sprieten sereh
1,5 dl olie
8 (halve) kipfilets

VOOR DE SAUS:
5 eetlepels grove pindakaas
85 gr kokos geweekt in 1,7 dl kokend water
1 grote bos fijngesneden korianderblaadjes

VOOR DE GARNERING:
½ pond taugé
fijngesneden korianderblaadjes

1. Meng alle ingrediënten voor de marinade door elkaar. Kneus de sereh.
2. Verwijder alle resten huid en vet van de kip en snijd er niet te kleine repen van. Leg de repen een nacht lang in de marinade.
3. In een braadpan met dikke bodem of wok de gemarineerde kip kort op een niet te hoog vuur bakken. Extra olie is niet nodig. Daarna de pindakaas, de meeste kokos met het water toevoegen.
4. 20 Minuten heel zacht laten sudderen met het deksel erop. Op het laatst wat van de fijngesneden korianderblaadjes toevoegen (als er te weinig saus is de rest van de kokos met water toevoegen). Het is belangrijk de kip niet te hard te laten koken, want dan wordt hij taai.

Thaise kip

Serveren op een bedje van miehoen of nasi goreng. Strooi er met gulle hand taugé en korianderblaadjes over.

Romige kipcurry met yoghurt

PRUE LEITH

(4 personen)

1 kip van ca. 1,5 kg
bloem gemengd met 1 theelepel koenjit, een theelepel cayennepeper, 1 theelepel mosterdpoeder, fijngestampte korianderzaadjes (ketoembar)
2 eetlepels olie
2 middelgrote gesneden uien
1 uitgeperst knoflookteentje
2 theelepels koenjit
1 theelepel komijnpoeder (djinten)
3 dl kippebouillon
1 laurierblad
2 theelepels tomatenpuree
sap van 1 citroen
2 theelepels verse fijngesneden munt
zout en peper
1 eetlepel garderoom
2 eetlepels yoghurt
30 gr geblancheerde amandelen

1. Oven voorverwarmen op 180°C of stand 4.
2. Snijd de kip in 8 stukken en wentel ze door de bloem.
3. Verhit de olie in een koekepan en schroei de stukken dicht. Leg de kip in een vuurvaste schotel met deksel.
4. Bak in dezelfde koekepan de ui en de knoflook bruin.
5. Voeg de komijn en de koenjit toe en laat 2 minuten meebakken.
6. De bouillon, laurierblad, tomatenpuree, citroensap en munt toevoegen.
7. Zout en peper naar smaak.
8. Breng al roerend langzaam aan de kook.
9. Giet de saus over de kip, doe het deksel op de schotel en stoof 45-50 minuten in de oven.
10. Haal de stukken kip uit de schotel en houd ze warm. Verhit de saus, voeg de room, de yoghurt en de amandelen toe. 11. Leg de kip terug in de saus en dien hem op met gekookte rijst en groene sla.

Mijn moeder

R.D. Mijn moeder, Sofie Magdalene Hesselberg, was Noors, net als mijn vader. Mijn moeders moeder had een interessante achternaam voor een Noor, namelijk Wallace (in Noorwegen uitgesproken als Vallas). De familie Wallace in Noorwegen stamt rechtstreeks af van de Schotse nationale held uit de dertiende eeuw, Sir William Wallace. Toen hij nog maar zevenentwintig jaar oud was, in 1297, versloeg hij de Engelsen bij Stirling Castle en verdreef hen uit Schotland, waardoor hij de Schotten acht glorieuze jaren onafhankelijkheid bezorgde. Toen stuurde de Engelse koning Edward een groot leger naar het noorden, versloeg de Schotten en nam William Wallace gevangen. Deze werd naar Londen overgebracht en daar terechtgesteld. Zijn familie, die genadeloos werd opgejaagd, vluchtte per boot naar Bergen in Noorwegen, waar de Noorse tak van de familie Wallace ontstond. Vandaar de naam van mijn grootmoeder, Ellen Wallace. Ik heb een Wallace stamboom met de naam van Sir William Wallace in de wortels en de namen van mij en mijn zusters op een van de hoogste takken. Dit alles is maar een terzijde, maar ik vind het heel interessant.

Mijn moeder, Sofie (in Noorwegen spreek je de e aan het eind ook uit) was een kleine dame, die na haar huwelijk met mijn vader de rest van haar leven in Wales en Engeland doorbracht. Ze kreeg vijf kinderen en verloor haar oudste dochter, zeven jaar oud, aan een doorgebroken blindedarm. Een paar maanden later, toen ik drie jaar oud was, verloor ze ook haar man, door een longontsteking, en sindsdien stak ze al haar energie in het grootbrengen van de overgebleven vier kinderen (Alf, Roald, Else en Asta, die allemaal nog in leven zijn op het moment dat ik dit schrijf) plus de twee kinderen uit een vorig huwelijk van mijn vader.

Mama stierf in 1967, tweeëntachtig jaar oud, toen ik vijftig was. Zij was zonder enige twijfel de eerste en belangrijkste invloed in mijn leven. Zij had een kristalheldere geest en een diepgaande belangstelling voor van alles en nog wat, van tuinieren, koken, wijn, literatuur, schilderkunst, meubels, tot vogels en honden en andere dieren – met andere woorden, in alles wat mooi en interessant is op deze wereld. Wanneer haar haar los hing zoals elke morgen wanneer ze het verwoed borstelde, reikte het tot onder aan haar rug, en het zat altijd netjes gevlochten en opgerold in een knoet boven op haar hoofd. Ze kon in een handomdraai een maaltijd voor veertien personen klaarmaken en ze kende legio recepten, vooral Noorse. Net als alle Noren at ze vis het liefst simpelweg gepocheerd en, ook net als alle Noren, at ze ook het vel van de gepocheerde vis, of het nu zwart of wit was, en vond dat het lekkerste deel van de vis.

Tijdens onze vakanties betoonde ze zich onverschrokken op zee. We hadden daar een roeiboot en een kleine motorboot. Ze zag er geen been in om met zes kinderen een uur lang naar een afgelegen eilandje te roeien om er te gaan zwemmen. Ze ging in de kleine motorboot met ons erop uit in het zwaarste weer, de boot stond soms bijna recht overeind wanneer mijn moeder het roer beetpakte en ons over de toppen van enorme golven heenstuurde. In die dagen had je niet die onzin van reddingsvesten en zo. We klemden ons gewoon stevig aan de boorden vast, juichten haar toe en werden drijf en drijfnat. Op die manier leerde ze ons nergens bang voor te zijn en gevaarlijke situaties altijd te behandelen alsof het geweldige avonturen zijn.

Alle vier haar kinderen woonden, zelfs na hun huwelijk, op niet meer dan een paar kilometer afstand van haar. Ze was de matriarch, de mater familias, en haar kinderen zwermden om haar heen als planeten rond de zon. In sommige families rebelleren de kinderen en gaan zo ver mogelijk van hun ouders weg, zeker nadat ze getrouwd zijn, omdat schoonmoeders niet altijd even populair zijn. Maar mama's kinderen en hun partners hadden de oprechte wens om deze opmerkelijke oude moeder dicht in de buurt te hebben. Daar waren een aantal redenen

voor. Al had zij nog zo'n krachtige persoonlijkheid, zij liet zich nooit echt gelden. Haar kracht bleef achter de schermen en werd nooit een bedreiging. Ze was een bron van wijsheid en ervaring en gaf goede raad wanneer er om werd gevraagd, maar ze drong haar adviezen nooit op, ze gaf ze alleen wanneer je er om vroeg. Ze bekritiseerde haar volwassen kinderen nooit, hoezeer ze het ook verdienden, dus wist je dat je altijd naar haar toe kon gaan zonder dat er van jouw wandaden zou worden gerept. Ook gaf ze zich nooit over aan de hobby van veel moeders en schoonmoeders, namelijk kritiek uitoefenen op het gedrag van hun kleinkinderen. Misschien fronste ze wel eens haar wenkbrauwen wanneer de manieren van een kleinkind te wensen overlieten, maar ze zou er nooit iets van zeggen. Dat liet ze aan de ouders over. Ze zou ook nooit proberen mij of mijn zusters te vertellen hoe we moesten leven, maar we wisten dat wanneer we hulp nodig hadden, en dat hadden we vaak, zij deze altijd van harte en met wijsheid zou geven. Met andere woorden: zij kende het geheim van het dicht bij elkaar houden van haar familie, en dat, kan ik u verzekeren, is een gave die niet veel mensen hebben. U begrijpt waarom het altijd een genoegen was bij haar in de buurt te wonen en haar te bezoeken, en wij kwamen allemaal meer dan een keer per week bij haar langs.

Een van haar gouden regels was: nooit de nacht in het huis van een vriend of zelfs in het huis van een van haar getrouwde kinderen doorbrengen. Ze ging nog liever naar een hotel. Ik moet zeggen dat ik het volkomen met haar eens ben. Ik heb me nooit helemaal op mijn gemak gevoeld in het huis van iemand anders en ik houd er niet van de badkamers van andere mensen te moeten gebruiken.

Mijn moeder las veel. Ze las de grote Noorse schrijvers in hun eigen taal, Ibsen, Hamsun, Undsett en de anderen, en in het Engels las ze de schrijvers van haar tijd, Galsworthy, Arnold Bennett, Kipling enz. Toen we klein waren vertelde ze ons verhalen over Noorse trollen en alle andere mytische Noorse schepsels die in de donkere sparrenbossen leefden, want ze was een groot verhalenvertelster. Ze had een uitstekend geheugen en niets van wat er in haar leven was gebeurd, werd vergeten.

Haar algemene kennis was verbazingwekkend en ze had een prachtige in leer gebonden oude *Encyclopaedia Britannica*, in tweeëndertig delen, bij de hand om alles wat ze niet wist op te zoeken. Ze wist veel van vogels, boten, bijen, en ze was dol op haar schilderijen en mooie meubels. Maar ze wist vooral veel af van planten en groenten, koken en tuinieren, en een groot deel van haar kennis gaf ze aan haar kinderen door. Ik heb levendige jeugdherinneringen aan veel van mijn moeders gerechten. Dit zijn er een paar van:

Bloemkool met garnalen, of in het Noors *Blomkaal med reker*. Dit eenvoudige gerecht dat typisch Noors is, is mij het beste bijgebleven van alle maaltijden die mijn moeder voor ons kinderen klaarmaakte. We waren er gek op. En, tussen twee haakjes, het is een van de gezondste dingen die een ouder zijn kinderen voor kan zetten.

Gekookte kipschotel. Dit was misschien wel mijn moeders beroemdste gerecht en zeker een van de gedenkwaardigste. Het valt tegenwoordig niet mee om aan een echt goede soepkip van de boerderij te komen, maar ze zijn te vinden. Ook dit is weer een heel simpel gerecht, dat wordt opgediend in een grote ovale schaal, waarin het in stukjes gesneden vlees zonder vel wordt gerangschikt met gekookte krielaardappeltjes en doperwtjes, en soms ook wat uien en stukjes wortel, overdekt met een heerlijke blanke saus. Ik weet zelf niet hoe je dat klaarmaakt, maar haar dochters, kleindochters en achterkleindochters wel, en dat recept volgt hierna.

Mormors kip

LOU

Dit recept is veel lekkerder dan de naam suggereert. Wanneer ik van huis was op kostschool en hunkerde naar lekker eten, lag ik in bed te dromen van gekookte kip.

In de vakantie vroeg mijn moeder altijd wat ik mijn eerste maaltijd thuis wilde eten en het antwoord was steevast: gekookte kip. In die dagen was kip nogal een luxe, omdat het duurder was dan andere soorten vlees, maar nu is het een vergelijkenderwijs goedkope maaltijd waar mijn eigen kinderen gek op zijn. Een groot voordeel is dat het de dag tevoren klaargemaakt kan worden en langzaam opgewarmd in de oven. Ik maak de kip meestal de dag ervoor klaar, maar de saus vlak voor het opdienen omdat hij dunner wordt wanneer je hem opwarmt.

(6 personen)

1 soepkip
7 ons wortels
2 middelgrote uien in ringen
bouquet garni (b.v. thijm, peterselie, selderie, marjolein, laurierblaadje)
1 blokje kippebouillon
½ pond aardappeltjes
225 gr diepvries doperwtjes
45 gr boter
45 gr bloem
½ liter bouillon van de kip
3 dl melk

1. Zet de kip in een grote pan bijna onder water.
2. Snijd een paar wortels in schijfjes en doe ze met de uien in de pan.
3. Het bouquet garni, het bouillonblokje, zout en peper erbij doen.
4. Aan de kook brengen en minstens 2 uur laten sudderen tot de kip zacht is.
5. Het laatste halfuur de rest van de wortels en de aardappels meekoken.
6. Voeg op het laatst de erwtjes toe.
7. De kip en de groenten uit de pan halen en laten afkoelen.
8. Het vocht zeven en bewaren voor de saus.
9. Smelt de boter in de pan, roer de bloem erdoor en laat op een laag pitje 1-2 minuten smoren. Van het vuur halen, een halve liter bouillon erbij doen en goed mengen. Pan weer op het vuur zetten en roeren tot het dik wordt. Doe de melk erbij en breng op smaak met zout en peper. Weer aan de kook brengen en een paar minuten laten koken tot de saus gebonden is.
10. Haal het kippevlees van het bot. Gooi het vel weg.
11. Het kippevlees en de groenten in de saus doen, goed doorwarmen, af en toe roeren. Proeven en op smaak brengen.

Kipschotel met avocado

CALLIE

De kip kan van tevoren worden gepocheerd en de bouillon bewaard.

(6 personen)

2,7 kilo kip in grote stukken
1 liter water
1 middelgrote ui in vieren
2-3 stengels selderie, grof gesneden
1 eetlepel zout
peperkorrels
2 wortels geschrapt en grof gesneden
1 laurierblad
55 gr boter
45 gr bloem
2,25 dl garderoom
55 gr oude geraspte kaas
verse rozemarijn, fijngesneden
verse basilicum, fijngesneden
hete saus, b.v. Tabasco
170 gr champignons
2 grote rijpe avocado's

VOOR DE GARNERING:
55 gr geroosterde, geschaafde amandelen

1. De stukken kip in een grote pan doen met water, ui, selderie, zout, peperkorrels, wortels en laurierblad. Aan de kook brengen en op laag pitje laten sudderen. Regelmatig afschuimen. Twee uur laten sudderen tot de kip zo zacht is dat het vlees van het bot valt.
2. De kip uit de pan halen en laten afkoelen.
3. Het vlees van het bot halen, behalve de vleugels. De botten, het vel en de vleugels terug in de pan doen en nog 30 minuten laten trekken.
4. Zeef de bouillon (het moet ongeveer 6 dl zijn) en laat hem afkoelen.
5. Oven voorverwarmen op 180°C of stand 4.
6. Smelt 45 gr boter in een steelpan en roer de bloem erdoor.
7. Roer nu bouillon, room, kaas, kruiden, zout en Tabasco erdoor. Roer tot de saus dik wordt en gaat koken.
8. De champignons schoonmaken en in tweeën of in vieren snijden (afhankelijk van de grootte). Bak ze een paar minuten in de overgebleven boter.
9. Leg de paddestoelen en de kip op de bodem van een vuurvaste schotel met deksel, strooi er een beetje zout op en giet de saus eroverheen. Doe het deksel op de schaal en zet 25 minuten in de oven tot de kip door en door warm is.
10. De avocado in repen snijden en bij de kip doen en nog 10 minuten in de oven zetten.
11. Strooi er voor het serveren de geroosterde amandelen over.

Noorse gehaktballetjes

JOSIE

Dit gerecht eet men traditioneel met gekookte kool en gekookte aardappels.

(voor 16 balletjes)

45 gr vers wittebroodkruim
zout en peper
1 eetlepel Worcestershiresaus
verse fijngesneden thijm, bieslook en peterselie van elk 1 eetlepel
1 geklutst ei
7 ons grofgemalen contrafilet
een beetje rundvet om te bakken
½ liter runderbouillon

1 dl witte wijn
beurre manié gemaakt van 25 gr boter en 2 eetlepels bloem
1,5 dl zure room

VOOR DE GARNERING:
fijngesneden peterselie

1. Meng in een kom voorzichtig het broodkruim, zout en peper, Worcestershiresaus, kruiden en ei door het vlees.
2. Neem een eetlepel van het mengsel en vorm er met meel bestoven handen ballen van. Let op dat ze niet te compact worden.
3. Schroei de balletjes dicht in het hete rundvet, draai het vuur laag en braad ze nog 10 tot 15 minuten. Het vlees moet niet te droog zijn en van binnen roze blijven.
4. Men kan de ballen ook grillen op de barbecue.
5. Breng de runderbouillon en de wijn aan de kook en klop de *beurre manié* erdoor tot de saus dik genoeg is. Voeg peper en zout toe en de zure room.
6. Giet de saus over de balletjes. Zorg dat de balletjes overal een laagje saus krijgen zonder dat ze kapot gaan.

Bestrooi ze met peterselie.

Gezouten rosbief met kruidennoedels

CLARE

Bestel het vlees 3-4 dagen van tevoren bij je slager, zodat hij het kan zouten. Uitstekend voor een groep hongerige mannen.

(6-8 personen)
2 kilo gezouten rosbief
1 laurierblad
bouquet garni van thijm en een
bosje peterselie
6 peperkorrels
1 middelgrote ui met kruidnagels bestoken
7 ons geschrapte wortels in stukken van
ca. 4 cm
7 ons meiraapjes, geschild en in vieren
450 gr geschilde sjalotjes

VOOR DE KRUIDENNOEDELS:
115 gr zelfrijzend bakmeel, gezeefd
115 gr broodkruim
115 gr geraspt niervet
2-3 eetlepels gemengde fijngesneden
kruiden zoals: thijm, peterselie,
rozemarijn en marjolein
2 even geklutste eieren
zout en peper

1. Leg het vlees in een grote pan en bedek het met koud water.
2. Langzaam aan de kook brengen en regelmatig afschuimen.
3. Het bouquet garni erbij leggen met de peperkorrels en de bestoken ui.
4. Zet het deksel schuin op de pan en laat 1¾ uur sudderen.
5. Maak intussen de noedels. Meng meel, broodkruim, niervet, versgesneden kruiden, eieren en zout en peper. Vorm daarvan met de handen balletjes van gelijke grootte.
6. Het bouquet garni en de bestoken ui uit de pan halen en het vocht afschuimen.
7. Doe de wortels, de raapjes en de sjalotjes in de pan.
8. Aan de kook brengen en een paar minuten laten sudderen.
9. Nu voorzichtig de noedels in de pan doen. Ze zullen eerst zinken. Doe het deksel op de pan en laat ca. 40 minuten koken tot de noedels licht en donzig zijn geworden.

Voor het serveren de noedels behoedzaam uit de pan scheppen en op een vleesplank leggen. Dan het vlees uit de pan halen en op de plank leggen. Nu de groenten eruit halen en in een schaal leggen. Het vet van het kokende vocht scheppen alvorens het bij het vlees op te dienen.

Roalds ossestaartsoep

R.D. Ondanks het feit dat ik een heel middelmatige kok ben, wordt toch mijn ossestaartsoep elke keer begroet met gejuich en soms zelfs applaus. Door puur geluk, meer dan door enige echte vaardigheid, schijnt hij altijd weer goed uit te vallen. Dus, voor wat het waard is, zal ik jullie nu vertellen hoe ik hem altijd maak.

1. Koop altijd meer dan je denkt dat je nodig hebt. Ossestaart is zo lekker dat de meeste mensen wel een tweede en zelfs een derde portie willen. Ik neem een staart per drie personen en als ik negen of tien mensen te eten heb koop ik er altijd vier. Vraag de slager de staart in stukken te hakken. De meeste goede slagers bewaren ossestaart liever in de diepvries, maar dat maakt niet uit.
2. Haal altijd het vet en het kraakbeen eraf.
3. Ik braad ze niet aan voor het koken. Ik ben tot de conclusie gekomen dat het nauwelijks ver-

schil maakt. Smijt gewoon de stukken in een grote pan, giet water erbij tot ze onder staan en laat het zachtjes koken. Doe er een heel stel bouillonblokjes bij, minstens zes.

4. Het geheim van dit gerecht is er goed op te letten dat het vlees door en door gekookt is. Het moet zo ongeveer van het bot afvallen wanneer het wordt opgediend. Dit vereist wel 4 uur koken. Tegen het einde moet je er steeds een stuk uithalen om het te testen,
5. Terwijl het vlees staat te koken een paar wortels koken en ze pureren in de blender of keukenmachine. Dit wordt uiteindelijk het enige wat je gebruikt om de soep dik te maken. Geen bloem.
6. Ca. 15 minuten voor het einde flink wat middelgrote uien erbij gooien.
7. Bekijk je flesjes gedroogde kruiden en maak een instinctieve keuze. Kies vooral de kruiden die je zelf het lekkerst vindt. Misschien rozemarijn, basilicum en wat gemengde kruiden. Maak er royaal gebruik van.
8. Drie minuten voor het einde er wat groente bij doen die je toevallig in de diepvries hebt. Ik neem het liefst tuinbonen, mais en doperwtjes. De hoeveelheden moet je zelf maar beoordelen.
9. Tenslotte de soep afmaken met de wortelpuree.

Je moet nu een heerlijke, geurige ossestaartsoep hebben. Dien hem op in soepborden met een heleboel warm stokbrood erbij. Zet een grote schaal op tafel waar de gasten hun botten in kunnen doen.

Zoals je ziet is dit ossestaartrecept zo vaag en zo weinig precies als maar kan. Maar het is leuk om zo te koken, de hele tijd zelf beoordelingen te maken, een beetje van dit en een beetje van dat erbij te doen, voortdurend te proeven en nooit in een kookboek te kijken.

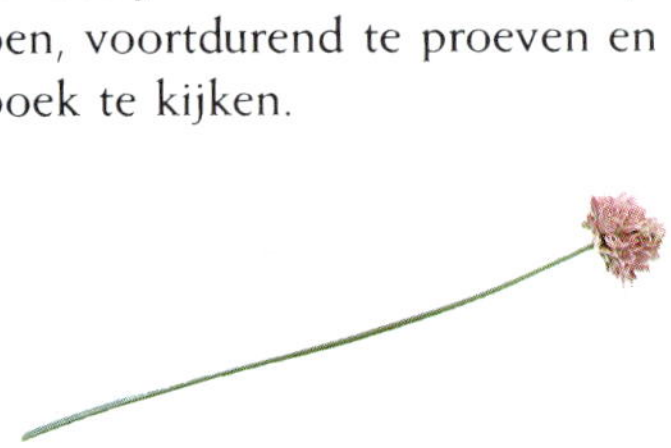

Vorstelijk lendestuk

PENNY MINTO

Dit Elizabethaanse gerecht is echt verrukkelijk. Het moet de dag tevoren worden gemaakt en koud gegeten, waardoor de smaak goed uitkomt. Het is heel geschikt voor een lopend buffet of een dineetje. Wij eten het vaak op Tweede Kerstdag.

(minstens 12 personen)

1 runderlendestuk van ca. 2 kilo,
uitgebeend, maar wel het been erbij
vragen voor de bouillon
1 varkens- of ½ kalfspoot
½ fles witte wijn
zout en peper naar smaak
gemalen kruidnagel
gemalen foelie
geraspte nootmuskaat
de geraspte schil van ½ citroen
2 eetlepels verse fijngesneden marjolein
6 dunne plakken rauwe ham
30 gr boter
1 laurierblad
1 glas port
3 fijngewreven ansjovisfilet
3 ingemaakte walnoten, fijngehakt

Als het niet mogelijk is een varkenspoot of kalfspoot te krijgen, gebruik dan een afgestreken eetlepel aspic op iedere 3 dl bouillon. De aspic dan niet meekoken, maar op het laatste moment erbij doen.

1. Trek van de botten, de varkens- of kalfspoot, de witte wijn en wat water een krachtige bouil-

lon. Af laten koelen en zeven.

2. Maak voorzichtig 6 insnijdingen in het vlees, maar pas op dat de samenhang niet verloren gaat. Sla de dunne zijflappen op zonder dat ze eraf gaan.
3. Strooi op iedere flap een beetje kruidnagel, foelie, nootmuskaat, citroenrasp, marjolein, zout en peper en leg daar een plak ham bovenop. Doe dit bij iedere insnijding, zet dan met pennen vast en bind er een touwtje stevig omheen zodat het tijdens het koken niet uit elkaar valt.
4. Smelt de boter in een braadpan en bak het vlees aan alle kanten goed bruin. Voeg het laurierblad toe met de gezeefde bouillon. Laat zachtjes 3-4 uur koken met het deksel op de pan. Laten afkoelen. Het vlees eruit nemen en op een diepe schaal leggen.
5. Schep het vet van de bouillon. Voeg de port en de ansjovis toe en laat 8-10 minuten goed doorkoken. Nadat het wat is afgekoeld, kunnen de ingemaakte walnoten erbij, en kan de saus voorzichtig over en naast het vlees geschonken worden. Zet het weg op een koude plaats zodat de gelatine kan opstijven.

Voor het serveren de gelatine in blokjes snijden en opdienen bij het gesneden vlees.

Pastei van rundvlees met ingemaakte walnoten

PIP

De pasteivulling moet een dag van tevoren worden gemaakt. Je hebt een vuurvaste schaal nodig van 20 × 30 cm of twee liter inhoud.

(6 personen)

VOOR DE VULLING:
olie om in te bakken
1 grote ui gesneden
2 fijngehakte tenen knoflook
3 plakken doorregen rookspek (ontbijtspek), fijngehakt
1350 gr mager rundvlees in blokjes
2 eetlepels bloem
1 verkruimeld bouillonblokje
1 glas rode wijn
1 eetlepel scherpe mosterd
1 eetlepel tomatenpuree
1 eetlepel gemengde kruiden
2 eetlepels Worcestershiresaus
250 gr schoongemaakte en gehalveerde paddestoelen
12 ingemaakte walnoten
2 eetlepels fijngesneden peterselie
zout en peper naar smaak

VOOR HET DEEG:
450 gram bladerdeeg
1 geklutst ei

1. Verhit een beetje olie in een pan met dikke bodem, doe ui, knoflook en spek erin. Laat smoren tot het zacht is geworden.
2. Verhit in een andere pan wat meer olie, schroei het vlees dicht en bruin met kleine hoeveelheden tegelijk en voeg het bij het ui-spekmengsel.
3. Strooi bloem over het vlees en zet het op een matig vuur. Roer bouillonblokje, rode wijn, mosterd, tomatenpuree, kruiden en Worcestershiresaus erdoor.
4. Deksel op de pan en alles 2 uur heel zacht smoren tot het vlees gaar is.
5. Voeg de paddestoelen en de ingemaakte walnoten toe en roer voorzichtig de peterselie erdoor. Zout en peper naar smaak. Af laten koelen in de pan, liefst de hele nacht.
6. De volgende dag de oven voorverwarmen op 180°C of stand 4.
7. Rol het deeg uit. Druk de schaal omgekeerd op het deeg en snijd het een centimeter groter af. Snijd stroken van 1 cm om langs de rand een dubbele laag te maken en snijd uit de rest van het deeg decoratieve bladmotieven.
8. Doe de vulling in de schaal met een schoorsteentje van aluminiumfolie of een omgekeerd eierdopje in het midden.
9. Vet de rand van de schaal in. Leg de 1 cm brede deegstrook over de rand en kwast er ei overheen. Bedek daarna de schaal met de afgemeten deeglap en kwast ook daar ei overheen. Snijd de randen golvend af met een scherp mes en versier de bovenkant met de bladmotieven. Inkwasten met ei.
10. Zet 20-30 minuten in de oven tot de pastei goed gerezen is en goudbruin van kleur.

Pastei van rundvlees met ingemaakte walnoten

De hall in Gipsy House met Pasen

Easter Feast

Easter Rabbit Soup with Horns of Plenty

The Paschal Lamb with Turnips
White Sprouting Broccoli
Potatoes & Onions with Cream & Garlic

Curd Cheese Tarts
First Rhubarb of the Year
Easter Cakes

PASEN

R.D. Pasen is net zo fantastisch als Kerstmis verschrikkelijk is. Er worden geen cadeautjes gegeven, alleen wat eieren aan de kinderen en een bosje bloemen voor hem of haar, en tenzij je in Rusland woont, blijft het daarbij. Iedereen die van Kerstmis houdt, zou zijn gevoelens ten opzichte van Pasen eens moeten onderzoeken en de twee vergelijken. Er is niet die vreselijke druk van het cadeaus moeten kopen wanneer de paasdagen naderen, er behoeft geen boom te worden gekocht, geen overdreven eten en drinken. Het enige georganiseerde ritueel is het eieren verstoppen in de tuin voor de kinderen en dat is alleen maar leuk. Ik vond dat eieren zoeken heerlijk toen ik klein was. Ik denk dat alle kinderen die het geluk hebben in een huis met een tuin te wonen, er net zo over denken: het is een eenvoudig spel, maar als je kind bent is er iets ongelofelijk opwindends in een chocolade-eitje te vinden dat slim verborgen is in een plant of tussen de klimop of in het gat van een holle boom.

Voor de paasvakantie slaagde mijn moeder er altijd op de een of andere manier in onze hele familie van zes kinderen naar Tenby in Pembrokeshire te vervoeren. Ze huurde daar een verdieping van een huis dat 'The Cabin' heette en gebouwd was op de stenen pier van de oude haven. Bij hoog water sloegen de golven letterlijk tegen de stenen beneden onze ramen. In Tenby maakten we lange wandelingen over de klippen en plukten grote bossen sleutelbloemen. We verzamelden schelpen op de rotsen, die we kookten, met een speld uit de schelp visten en opaten met brood en boter. Soms reden we op ezels over het strand en elke Pasen gingen we één keer met de boot over het water naar het eiland Caldy om naar het Benedictijner klooster te staren en ons af te vragen hoe de monniken daar leefden en hoe het ze lukte hun zwijggelofte niet te verbreken.

Het was een mooie tijd, Pasen, toen we jong waren. Het is een even mooie tijd nu we oud zijn.

Mijn lammetjes

TESSA

Al ben ik nu een verantwoordelijke jonge vrouw van tweeëndertig en moeder van drie kinderen op de koop toe, ik geef toe dat ik toen ik klein was vaak een behoorlijke lastpost was voor mijn ouders en vooral voor mijn vader, die toen voor de kinderen zorgde. En ik weet dat het woord 'lammetje' de herinnering bij hem oproept aan een onaangenaam incident dat ik veroorzaakte in een van mijn malle buien toen ik een jaar of tien was. Ik zal u er kort over vertellen.

Ik ging een weekendje logeren bij een schoolvriendinnetje dat in Kent woonde. Daar gingen we op bezoek bij een schapenboer die een heleboel lammetjes had. Ik besloot meteen op mijn gewone onnadenkende manier dat ik twee lammetjes met me mee naar huis wilde nemen (ik leek Veruca Peper wel), en ik kocht ze ter plaatse van al mijn zakgeld, waarbij ik mijn gastvrouw verzekerde dat mijn vader dol was op lammetjes en dat we thuis hopen schapen hadden. Allemaal gelogen.

De lammetjes (eigenlijk waren het al bijna schapen, groot, onhandig en niet bepaald schoon) kregen een touwtje om hun hals en ik haalde de conducteur van de trein naar Londen over om de schapen mee te nemen in de goederenwagon met mij erbij. Op het station Charing Cross wurmde ik ze op de een of andere manier in een taxi en reed met ze naar het Marylebone Station om daar de trein naar Great Missenden te nemen. Opnieuw kreeg ik ze in de goederenwagon, waar ze een vreselijke smeerboel maakten. Dit ging allemaal heus niet gemakkelijk. Probeer maar eens door Londen te komen met een paar jonge schapen aan een touwtje, vooral wanneer je nog maar tien jaar oud bent, maar ik durfde heel wat in die dagen.

Mijn vader haalde me af in Great Missenden en ik zal maar niet herhalen wat hij zei toen hij zag wat ik bij me had. Hij zei nog ergere dingen toen we de beesten op de prachtige leren achterbank van zijn nieuwe Rover moesten duwen, maar we kregen ze naar Gipsy House en daar werden ze in de voortuin losgelaten omdat dat het enige stukje grond was met een hek eromheen. Het duurde niet lang of ze hadden alles kaalgevreten, de border met witte stokrozen, de lobelia's en de clematis die jaren had gekost voor hij de oude appelboom ingeleid was.

Mijn vader zei: 'Nu is het welletjes. Ze moeten weg.'

'Ik wil niet hebben dat je ze naar het slachthuis stuurt!' riep ik.

'Maak je niet druk,' zei hij. 'Doe ze alleen maar een touwtje om hun nek zodra het vanavond donker wordt.'

'Wat ga je met ze doen?' schreeuwde ik. 'Ik sta erop dat ze een goed tehuis krijgen.'

'Schapen zijn geen huisdieren,' zei hij. 'Zorg dat ze vanavond na het eten klaarstaan.'

Die avond duwden en trokken mijn vader en ik de onwillige schapen de weg over, een grote weide in van een boer die we niet kenden. De weide was vol schapen.

'Laat ze nu maar los,' zei mijn vader.

Ik maakte het touwtje om hun nek los en nam snikkend afscheid.

'Wat zal die man opkijken wanneer hij de volgende keer zijn schapen telt,' zei mijn vader op weg naar huis.

'Wat gaat er met ze gebeuren?'

'Ze zullen gewoon met de andere naar de markt gebracht worden,' zei mijn vader. 'De volgende keer dat we lamsbout eten zet je waarschijnlijk je tanden in een van hen.'

'Hou op!' riep ik. 'Ik eet nooit van mijn leven meer lamsvlees!'

Dit is mijn lamsboutrecept. Het smaakt heerlijk.

Tessa's gevulde lamsbout

(6 personen)

1 lamsbout van 1,5-2 kilo, zonder bot maar niet opgerold
1 grote ui
30 gr boter
85 gr vers wittebroodkruim
45 gr sultanarozijnen
45 gr gewone rozijnen
85 gr gehakte walnoten
de schil van 1½ sinaasappel
1 theelepel rozemarijn
1 theelepel thijm
zout en peper naar smaak
sap van ½ sinaasappel

VOOR HET GLAZUUR:
55 gr bruine basterdsuiker
sap van ½ citroen
sap van ½ sinaasappel
2 eetlepels Worcestershiresaus

VOOR DE SAUS:
1,2 dl rode wijn
3 dl lamsbouillon

VOOR DE GARNERING:
waterkers

1. Oven voorverwarmen op 190°C of stand 5.
2. Pel en snipper de ui.
3. Smelt de boter in een pan en bak de ui 3 minuten.
4. Mix in de kom van de keukenmachine de gebakken ui, het broodkruim, de rozijnen en de walnoten.
5. Sinaasappelschil, rozemarijn, thijm, zout en peper erdoor mixen.
6. Aanlengen met sinaasappelsap.
7. Naai een kant van de bout dicht, stop de vulling erin en naai ook de andere kant dicht. In een ingevette braadslede leggen. 1¾-2 uur in de oven zetten. Regelmatig bedruipen.
8. 15 minuten voor het einde van de kooktijd de ingrediënten voor de glazuur mengen, over het vlees lepelen en verder laten braden.
9. Haal het vlees uit de braadslede en houd het warm. Schep het vet van het kookvocht af.
10. Doe de wijn en de lamsbouillon bij het kookvocht. Goed door laten koken terwijl men het aanbaksel van de bodem schraapt zodat de jus dik wordt. Voeg zo nodig zout toe en giet in een juskom.

Leg het vlees op een vleesplank en garneer het met waterkers.

Lamsvlees met abrikozen in deeg gevlochten met uiensaus

PIP

(6 personen)

olie om in te bakken
1 kilo mager lamsvlees in stukken van 2-3 cm
1 middelgrote ui gesneden
1 teen knoflook gesneden
225 gr gedroogde abrikozen (alleen weken als ze erg hard zijn)
1 eetlepel thijm
1 eetlepel gemalen komijn (djinten)
1 theelepel fijngewreven korianderzaadjes
30 gr vers wittebroodkruim
55 gr hele amandelen, grof gehakt
2 geklutste eieren
zout en peper naar smaak
450 gr bladerdeeg
3 eetlepels fijngesneden peterselie

VOOR DE UIENSAUS:
1 ui
4,5 dl melk
5 kruidnagels
1 laurierblad
4 zwarte peperkorrels
55 gr boter
55 gr bloem
1 flinke theelepel Dijon mosterd
zout en peper naar smaak
1 eetlepel fijngesneden peterselie

1. Oven voorverwarmen op 180°C of stand 4
2. Verhit wat olie in een koekepan en bak het vlees lichtbruin met kleine hoeveelheden tegelijk. Laat de gebakken stukken vlees uitlekken op verfrommelde stukken keukenpapier. Als ze koud genoeg zijn in stukjes van ca. ½ cm snijden.
3. Bak in dezelfde pan de knoflook en de uien glazig. Voeg zo nodig wat olie toe.
4. Meng in een kom het vlees, ui en knoflook met abrikozen, kruiden, broodkruim, amandelen, peterselie en ¾ van de eieren. Zout en peper naar smaak.
5. Rol het deeg uit in een rechthoek en leg het vlees in het midden. Laat aan iedere kant genoeg deeg over om de rol dicht te maken.
6. Snijd met een scherp mes het deeg diagonaal om de ¾ cm in een visgraatpatroon.
7. Kwast de randen van het deeg in met geklutst ei.
8. Vouw de deegstroken om en om over elkaar heen zodat een vlechtpatroon ontstaat. Plak de eindjes op elkaar en stop ze eronder weg om de rollade dicht te houden. Glaceer de rollade met geklutst ei.
9. Zet hem 30 minuten op een bakplaat in de oven, temper de temperatuur tot 160°C of stand 2½ en bak nog 15 minuten.
10. Maak intussen de uiensaus. Pel de ui en leg in een steelpannetje. Giet er melk over tot hij onderstaat, voeg kruidnagels, laurierblad en peperkorrels toe. Breng aan de kook en laat zachtjes sudderen tot de ui zacht is. Haal van het vuur af, de melk zeven en bewaren, en de ui snijden en wegzetten.
11. Maak een roux met de boter en het meel, voeg beetje bij beetje ca. 3 dl melk toe, goed roeren tot de saus dik wordt en aan de achterkant van de lepel blijft plakken. Wordt het te dik dan nog wat melk toevoegen.
12. Mosterd erbij doen en op smaak brengen met zout en peper.
13. Voeg de gesneden ui toe. Door laten koken en daarna de peterselie toevoegen.
14. Breng met een pannekoekmes voorzichtig de rol over op een schoon dienblad of schaal. Dep het overtollige vocht dat er misschien uitloopt, met wat keukenpapier.

Serveer in plakken gesneden met uiensaus.

Lamsvlees met abrikozen

Paaslam met meiraapjes

MARWOOD YEATMAN

(6-8 personen)

1350 gr lamslende, uitgebeend,
zonder de borst
1 geraspte sinaasappelschil
1 geraspte citroenschil
225 gr vers paneermeel
bloem
1 geklutst ei
zout en peper

1. Leg het lamsvlees plat met het vel naar beneden.
2. Meng de geraspte citroen- en sinaasappelschil met 3 eetlepels paneermeel. Peper en zout naar smaak erover en verdelen over het vlees. Goed de holten volstoppen.
3. Rol het vlees op en bind het om de 5 cm met een touwtje vast.
4. Stuif er bloem over, bestrijk het met ei en rol het door de rest van het paneermeel.
5. Bak het rondom bruin in heet vet en zet het daarna een uur in de oven op 180°C of stand 4.
6. Uit de oven halen en 5-10 minuten laten staan op een warme plaats.
7. Maak het touw los en snijd het vlees in plakken.

Serveren met gekookte raapjes, witte broccoli, aardappels en uien met room en knoflook.

Irish Stew

LICCY

(6 personen)

Dit recept is het lekkerst wanneer het in zelfgemaakte bouillon wordt gekookt.

ruim 1 kilo geschilde aardappels in dikke plakken
12 lamskarbonaadjes zonder been
7 ons uien in dikke plakken
2 theelepels parelgerst op iedere laag
6 eetlepels gehakte peterselie
zout en peper

1. Leg in een grote braadpan een laag rauwe aardappels, dan een laag vlees, daarna een laag uien met twee theelepels gerst en een eetlepel fijngehakte peterselie. Strooi er zout en peper over.
2. Herhaal dit en leg laag op laag tot alle ingrediënten zijn verbruikt, maar eindig met een laag aardappelen.
3. Giet er zoveel bouillon op tot alles net onderstaat (ruim 1,5 liter). Doe het deksel op de pan en laat het 3-4 uur sudderen op een heel laag pitje. Kijk af en toe of er nog wat vocht bij moet. Men kan de stew ook in de oven bereiden, 3-4 uur bij een temperatuur van 150-170°C of stand 3-5. Haal het deksel er 30 minuten voor het einde van de kooktijd af om de aardappels knapperig te laten worden.

Het lekkerste resultaat krijgt men door het op te dienen in soepborden bestrooid met peterselie, met worteltjes en doperwtjes erbij.

Geroosterde varkensrollade met hazelnootvulling

VIRGINIA

(6-8 personen)
ruim 2 kilo uitgebeende varkenslende, waar aan de bovenkant een vetlaag blijft zitten, die ingesneden wordt
(Wanneer het een kleiner stuk vlees is zal de helft van de ingrediënten voor de vulling voldoende zijn.)
1 in plakken gesneden ui

VOOR DE VULLING:
115 gr hazelnoten
12 gedroogde pruimen
12 gedroogde abrikozen (alleen weken als ze erg hard zijn)
450 gr gekruid varkensgehakt
4 eetlepels gesneden verse salie
zout en peper naar smaak
2 geklutste eieren

1. De oven voorverwarmen op 200°C of stand 6.
2. Voor de vulling de hazelnoten, de pruimen en de abrikozen grof hakken.
3. Vermeng het met het gehakt, salie, zout en peper.
4. Voeg genoeg ei toe om het vulsel te binden en meng het goed door elkaar.
5. Leg het vlees plat. Leg het vulsel erop. Rol het netjes op en bind het stevig vast. Wrijf zout in de vetrand.
6. Maak balletjes van de overgebleven vulling, die ongeveer 40 minuten met het vlees mee kunnen bakken.
7. Weeg het vlees en bereken de kooktijd. Neem 20 minuten per pond plus 25 minuten. Leg het vlees op een rooster in de braadslede. Doe in de braadslede genoeg water om de bodem te bedekken en leg de ui erin. Laat het de berekende tijd bakken.
8. Schep het vet van het kookvocht en gebruik het voor de jus.

Serveren met gestoofde rode kool en broccolipuree.

Hammen

MARWOOD YEATMAN

In het noorden worden tentoonstellingen en competities van landbouw- en veeteeltprodukten gehouden die een klein dorpje kunnen transformeren. Een paar dagen lang zie je al op kilometers afstand tegen de rode heide witte tenten afsteken die zo groot zijn dat het dorpje er bij in het niet valt. De wedstrijden voor schapenhonden beginnen om twaalf uur. Daarna vertrekt de stoomtrein. Er worden Engelse volksdansen gedanst, 'A Real Princess', 'The Queen Victoria' en 'Count Your Blessings', en er wordt een cricketwedstrijd gespeeld waarbij het plaatselijke wonderkind de ballen alle kanten op bowlt.

Daar in de reusachtige tentoonstellingstent liggen tussen de reuzenkruisbessen en bieten zo groot als een mensenhoofd, een twaalftal harde, platte, honingkleurige hammen uitgestald op een tafel op schragen. Daar zijn twee categorieën, van onder de 12 tot boven de 18, 25 en soms zelfs wel over de 30 kilo, afkomstig van meer dan 600 kilo zware varkens. De ham moet van na de vorige show zijn, afkomstig van eigen varkens, onberispelijk afgesneden en afgerond, droog, gezouten, rijp en met een goede vetlaag eromheen. Dit is de klasse die verbazing en bewondering wekt bij toevallig langskomende mensen uit het zuiden en buitenlanders die dachten dat ze alles van York ham afwisten.

Ik stond een keer zulke hammen te bewonderen toen een dame me vroeg hoe ze beoordeeld werden.

'Voor de prijzen? Op hun uiterlijk,' zei ik. 'Een goed gesneden ham is een kunstwerk.'

Zij prefereerde de ham die de derde prijs had gekregen. Ik zei dat die de eerste prijs had moeten hebben.

'Klopt als een bus,' zei een stem achter me. 'Dat is de mijne.'

En zo ontmoette ik de eerste van de overgebleven boeren en slagers die hun eigen hammen zouten, ieder jaar voor het volgende, wanneer het weer kouder wordt. Ik hielp hem zijn trofee naar de auto dragen en die avond ging ik bij hem op bezoek na melktijd op zijn land te midden van de heide, ver van alles en iedereen. Tegen die tijd hing de ham alweer aan de muur van de bijkeuken boven een rij kaplaarzen en was zijn vrouw druk bezig met het bakken van dikke plakken buikspek voor hun avondeten.

Marius' Ham

(16-24 personen)

een ham van 5,5 kilo (met been) een nacht in water geweekt en uitgelekt
½ liter (bruin) bier
½ liter droge cider
1,5 dl witte wijnazijn
225 gr stroop
225 gr bruine basterdsuiker
10 peperkorrels
12 jeneverbessen
2 laurierblaadjes
2 uien
2 wortels
2 stengels selderie

VOOR DE AFWERKING:
1 ons paneermeel gemengd met 1 ons bruine basterdsuiker
zwarte peper naar smaak
kruidnagels

1. Zet de ham in een grote pan met alle ingrediënten en vul de pan met water tot de ham net onder staat. Laat 3½ uur heel zacht koken.
2. Oven voorverwarmen op 200°C of stand 6.
3. Haal het vel van de ham en snijd het vet in het patroon van een schaakbord. Bekleed hem met het paneermeelmengsel en steek er kruidnagels in. Braad 1½ uur.

Moeders en dochters

R.D. Al kan bijna iedere moeder geweldig goed koken in de ogen van haar kinderen, ze kan meestal niet meer dan gewone simpele maaltijden capabel produceren. Kleine kinderen hebben een ongetrainde en platvloerse smaak, en, zoals fabrikanten van veel produkten zoals plantaardige-olie-ijs lang geleden al hebben ontdekt, verkiezen ze smakeloos eten boven al het andere. Wanneer ze volwassen zijn schrikken deze zielepoten terug voor subtielere smaken en zijn volmaakt tevreden in een wereld waarin alles hetzelfde smaakt. Dat is de reden dat zij hun vlees en vis overgieten met tomatenketchup of een van de andere sauzen die in cafetaria's op tafel staan.

Sommige moeders kunnen natuurlijk echt voortreffelijk koken en zij zijn een geschenk van de hemel. Niet alleen zijn ze een voortdurende bron van verrukking voor hun familie en vrienden, maar nog belangrijker: ze geven hun talenten door aan hun dochters. Het is een merkwaardig, maar obscuur feit dat bijna iedere dochter van een moeder die bijzonder goed kan koken, het zelf ook uitstekend doet. En haar dochter zal het ook weer goed doen enzovoort *ad infinitum*. De keukens van vrouwen die goed koken hebben een glans van enthousiasme en competentie, en de kinderen worden aangemoedigd te komen kijken en leren. De keukens van hen die niet goed kunnen koken, zijn meestal rommelig en groezelig, en kinderen die zich daarin wagen, krijgen waarschijnlijk 'Hè, loop me niet in de weg! Je ziet toch dat ik bezig ben!' te horen. Dochters hebben in die families weinig kans iets te leren. De keuken zal voor hen, net als voor hun moeders, een plaats van frustraties en hard werken worden.

Josie, die op eenentwintigjarige leeftijd al bijna een meester is, is de uitzondering die bovenstaande regel bevestigt. Haar moeder is de vrouw van een boer in Suffolk, die haar hele leven de gigantische eetlust heeft moeten bevredigen van mannen die zwaar werk buitenshuis doen in alle weersomstandigheden. Ze is dan ook een redelijk kookster van stevige, gezonde kost, maar niemand, zijzelf wel in de laatste plaats, zal beweren dat zij een van die verbazingwekkende moeders is die hun dochters inspireren tot grootse prestaties in de keuken. Waarom verklaarde Josie daar op die boerderij in Suffolk toen ze zestien was, plotseling aan haar met stomheid geslagen familie dat ze van koken haar beroep wilde maken?

Het antwoord daarop weet ik niet. Ik kan alleen maar gissen dat ze geboren is met dat talent en dat toen ze ouder werd de drang haar talent te gebruiken zich deed gelden. Geen kunstacademie kan van een schilder een groot kunstenaar maken als hij geen talent heeft, en om dezelfde reden kan een koksschool van een redelijke, middelmatige kok geen Monsieur Boulestin maken. Het is zonneklaar dat Josie de gave bezit. Ze heeft het koken in haar vingertoppen en in haar bloed, en wat ze ook aanraakt in de keuken valt net even iets beter uit dan je had kunnen verwachten. Zij vormt de grote uitzondering op mijn theorie dat dochters die uitstekend koken, ook moeders hadden die uitstekend konden koken.

Niettemin gaat mijn theorie voor de volle honderd procent op voor wat betreft mijn eigen en Liccy's familie, mijn moeder met haar drie dochters en Liccy met *haar* drie dochters. Mijn moeder kon uitzonderlijk goed koken. Omdat zij puur Noors was, had haar stijl van koken iets degelijks Scandinavisch. Haar dochters, mijn zusters Alfhild, Else en Asta, kunnen alle drie uitzonderlijk goed koken en hebben veel bijgedragen aan dit boek. Liccy's overleden moeder kon ook heerlijk koken en Liccy kan het dan ook fantastisch. Haar drie dochters, Neisha, Charlotte en Lorina, zijn bijna net zo goed als hun moeder en dat zegt wat. Ook zij komen in dit boek voor.

Op onze vakanties in Noorwegen gingen we vaak vroeg in de avond de fjord op om te vissen. We gooiden het anker uit, deden mosselen aan onze haak als aas en lieten de lijn vieren tot de mosselen op de bodem lagen. Dan, tenzij we op platvis visten, trokken we onze lijn omhoog tot het aas twee armlengtes boven de zeebodem hing en wachtten af. We sloegen de lijn zoals het hoorde achter om onze wijsvinger, legden onze duim erop en bleven doodstil zitten. We durfden nauwelijks te praten want al was de fjord heel diep, we wisten niet zeker of de vissen ons niet konden horen. Het is me nog steeds een raadsel hoe we het kleinste knabbeltje aan het aas dat soms meer dan zestig meter diep hing, aan onze vinger konden voelen, maar dat konden we altijd. En o, de opwinding wanneer de vis goed doorbeet en je je hand omhoog

rukte en gilde: 'Ik heb beet!... Nee, toch niet... Ja, toch wel! Ik heb 'm!' En dan moest je opstaan in de boot om de vis als een bezetene binnen te halen en keek je over de rand om te zien hoe groot hij was wanneer hij aan de oppervlakte verscheen, een zilveren streep die heen en weer flitste in het water. 'Het is een kanjer!' schreeuwde je. 'Ik heb een reuzenkanjer gevangen!' Maar onder water leken ze altijd groter dan wanneer je ze had opgehaald.

We vingen kleine kabeljauw en wijting en schelvis, maar meestal waren het kleine kabeljauwtjes, ongeveer dertig centimeter lang. We roeiden ermee terug naar de rotsen en maakten ze schoon in zeewater en brachten ze naar mijn moeder. Binnen een halfuur stonden ze op tafel, zacht gestoofd in boter met kleine gekookte aardappeltjes. Ik heb nooit meer zulke lekkere vis gegeten als die jonge kabeljauwtjes met hun fijne vlokkige vlees en hun zachtknapperige vel. Ze waren verrukkelijk en we aten er allemaal een stuk of drie vier, als we er genoeg hadden gevangen. Het geheim was natuurlijk niet zozeer de manier van klaarmaken als wel het feit dat de vissen zo vers waren als ze maar konden zijn. Daarvoor staat geen recept in dit boek. Als je het wilt eten zul je naar Noorwegen moeten gaan en je eigen vis vangen in de fjord op een zomeravond.

Noorse vispudding

Noorse vispudding

LOU

Ik herinner me hoe mijn Noorse grootmoeder dit voor ons klaarmaakte jaren geleden voor de komst van de keukenmachines. Zij schraapte moeizaam met de hand de vis van het vel af en het kostte allemaal heel veel tijd. Het werd dan ook niet vaak gemaakt en het was een grote traktatie. Tegenwoordig is het met de keukenmachine vlug en simpel te bereiden. Het is heerlijk voor een licht soupertje of een indrukwekkend gerecht voor een diner. Ik maak het recept meestal met de garnalensaus maar het smaakt net zo lekker met een aantal andere sauzen, bijvoorbeeld met kaas-, spinazie-, tomaten- of kerriesaus.

Er zijn 6 eenpersoons pasteibakjes voor nodig of een ringvorm van 1,5 liter inhoud.

(6 personen)

225 gr gerookte schelvis (ongekleurd)
225 gr gerookte kabeljauw
(of andere gerookte zeevis)
3 dl melk
1,7 dl room
1½ eetlepel aardappelmeel
2 theelepels zout
peper

VOOR DE SAUS:
20 gr boter
20 gr bloem
3 dl melk
2 theelepels tomatenpuree
1-2 eetlepels sherry
sap van ½ citroen
85 gr gerookte mosselen en 85 gr gerookte oesters (in blik) of 170 gr gepelde garnalen

OM TE GARNEREN:
fijngesneden peterselie
6 ongepelde garnalen

1. Ontvel en ontgraat de vis. Doe de vis een paar seconden in een keukenmachine. Giet er al draaiend melk en room bij en voeg aardappelmeel, zout en peper toe.
2. Doe het mengsel in de licht ingevette bakjes (of ringvorm). Bedek met folie en zet in een braadslee met een bodempje water. Zet 20 minuten in de oven op 200°C of stand 6 tot het stevig aanvoelt.
3. Maak intussen de saus. Smelt de boter in een pan, doe de bloem erbij en maak een roux. Voeg daarna al roerend beetje bij beetje de melk toe. Vervolgens de tomatenpuree en sherry toevoegen en citroensap naar smaak. Een paar minuten door laten koken en zo nodig zout toevoegen.
4. Doe de mosselen en oesters of de gepelde garnalen erbij. Laat ze door en door warm worden, maar ze mogen niet koken!
5. Wanneer de vispudding gaar is, met een scherp mes de randen van de vorm losmaken. Een schaal op de vorm zetten en snel omdraaien. De vispudding moet gemakkelijk op de schaal glijden.
6. Giet de saus over de pudding, strooi er wat fijngesneden peterselie over en leg de ongepelde garnalen erop.

Dien meteen op met waterkerssla.

De baai van Galway

R.D. In het stadje Galway staat een reusachtige boekwinkel die wereldberoemd is. Hij heet Kenny's Bookshop, en mensen zoals Graham Greene bestellen daar boeken. Iedere zomer organiseert Galway een Kinderfestival en een week lang concentreert het hele stadje zich op het vermaken van de kinderen, die uit heel Ierland daarheen komen om mee te doen. De straten zijn vol clowns en andere merkwaardige artiesten, die optreden op door paarden getrokken wagens. Op de trottoirs vinden allerlei soorten wedstrijden plaats met zand en krijt en er gebeuren nog heel wat andere dingen. Een paar jaar geleden werd ik uitgenodigd om een bijdrage te leveren aan het boekwinkelgedeelte van het festival. Liccy ging natuurlijk met me mee en ook mijn dochter Ophelia, die altijd prima gezelschap is. Ik was er bijna in gebleven zoveel handtekeningen heb ik daar drie dagen lang non-stop in mijn boeken gezet. Maar de laatste avond zijn we er met zijn drieën vandoor gegaan en zijn we naar een klein restaurant aan de baai gereden waar we, zoals ons was aangeraden, kreeft bestelden.

We kregen alle drie een grote, gegrillde kreeft voorgezet, die vlak daarvoor door een kreeftenvisser was binnengebracht, en hij werd geserveerd met gewone gesmolten boter en knapperig brood. Ik ben niet een van die mensen die kreeft het einde vinden, maar ik kan jullie wel vertellen dat die drie, vers uit het ijzige water van de baai en vergezeld van een koude fles goede Fumé, die we aten onvergetelijk waren. Die drie waren totaal anders dan alle andere kreeften. Wat maakt drie kreeften voor drie mensen totaal verschillend van alle andere die zij in hun lange leven hebben gegeten? Dat ligt natuurlijk voor een deel aan de stemming, de sfeer, het kalme water van de baai en de blauwe heuvels erachter, maar afgezien daarvan merkten we alle drie dat we dit geen kreeft vonden maar eerder het soort voedsel dat goden zachtjes op ons bord hadden laten neerdalen vanuit de grote keuken in de hemel. Iedereen die gewend is goed en zorgvuldig te proeven, heeft wel zo nu en dan zulke ervaringen en het is altijd weer een fantastische verrassing waar eigenlijk geen verklaring voor is.

Van tijd tot tijd worden we geconfronteerd met het probleem van het koken van levende kreeften, en omdat dit mij zoveel ellende en schuldgevoel heeft bezorgd, heb ik een studie gemaakt van de onmenselijke dingen die mensen dieren aandoen om ze op te kunnen eten. Daarna heb ik er een verhaal over geschreven. We weten allemaal af van de *foie gras* ganzen en de behandeling van kistkalveren voor de produktie van kalfsvlees (ik eet geen van beide), maar het zijn de kreeften die de meesten van ons zorgen baren. Dus hier komt wat ik jaren geleden heb opgestoken van een wetenschappelijk artikel van de dierenbescherming over dat onderwerp. De kreeft heeft een verhoudingsgewijs hoog ontwikkeld centraal zenuwstelsel, en de gebruikelijke methode van hem gewoon maar in een pan met kokend water te laten vallen, bezorgt hem een intense marteling van minstens veertig seconden. Soms kun je ze zelfs horen schreeuwen. De vriendelijkste manier om dit probleem op te lossen is dit: Terwijl je wacht tot het water kookt neem je een bak koud water waarin je een half pond goedkoop keukenzout oplost zodat je een sterke zoutoplossing krijgt. Daar dompel je de koppen van de kreeften een minuut of twee in onder en hup, ze zijn volkomen verdoofd. Dat is de beste methode. De op een na beste, wanneer je geen zout bij de hand hebt, is de kreeften in koud water opzetten en de pan langzaam aan de kook brengen. De wetenschappers hebben gedemonstreerd dat terwijl het water langzamerhand warmer wordt, de kreeften gewoon pijnloos in slaap vallen. Ziezo. Kies zelf maar.

Gegrillde kreeft met hete kruidenboter

RICHARD STEIN

(4 personen)

twee ongekookte kreeften, ieder ca. 1,5 kilo
gesmolten boter om de kreeft mee in te vetten
1 dl visbouillon of water
30 gr fijngesneden verse kruiden (gelijke hoeveelheden kervel, bieslook en basilicum)
sap van ¼ citroen
115 gram ongezouten boter in stukken gesneden

1. Grill voorverwarmen.
2. Leg de kreeft op een vleesplank om hem te halveren. Steek een groot mes door het midden van de schaal (waar de kop aan de schaal zit). Snijd naar beneden tussen de ogen. Leg de kreeft op de rug en plaats het mes weer in de snede. Snijd diep over de hele lengte naar de staart om die te splijten. Trek de scharen eraf. Snijd de elastieken door die de scharen op elkaar houden. Kraak de delen van de schaar met een hamer of een notekraker.
3. Leg de kreeft met het vlees naar boven op een grillrooster. Smeer hem royaal in met gesmolten boter. Grill tot het vlees vast is (ca. 15 minuten). Draai hem dan om, borstel weer in met boter en grill de schaalkant tot hij van blauw, rood is geworden. Houd de kreeften warm.
4. Breng visbouillon of water aan de kook. Voeg kruiden en citroen toe. Klop van het vuur af de klontjes boter er één voor één door.
5. Giet de hete kruidenboter over de kreeften en dien op.

Spivs Koulibiaka variant

Een gerecht dat gemaakt kan worden met dure, speciaal gekochte ingrediënten (zoals kreeft of zalm) of met restjes kip. Het ziet er altijd spectaculair uit.

(8 personen)

1 rol bladerdeeg
8,5 dl béchamelsaus met een snufje nootmuskaat
675 gr gekookte zalm, of kreeft of gerookte schelvis of kip en garnalen
4 hardgekookte eieren in plakjes
evt. kaviaar van rode zalm (die je als je geluk hebt in een zalm kunt vinden)

VOOR DE ZURINGSAUS:
grote bos zuring; als zuring niet te krijgen is (of voor de verandering) ruim een ½ liter extra béchamelsaus maken met een eetlepel ansjovispasta
30 gr ongezouten boter
zout en peper naar smaak
225 gr *fromage frais* (8 procent vet of volle kwark)

1. Oven voorverwarmen op 200°C of stand 6.
2. Kies een vuurvaste schaal en snijd vier daarin passende stukken bladerdeeg. Bak het deeg op een bakblik volgens de instructies op het pakje. Laten afkoelen,
3. Maak de béchamelsaus, sprenkel een beetje melk erop om het vormen van een vel tegen te gaan en zet even aan de kant.
4. Maak nu de zuringsaus. Haal de stelen van de zuring af, was de bladen en trek ze in grove stukken. Smelt de boter in een steelpannetje en laat de bladeren zachtjes smoren. Voeg zout en peper toe. Laat een beetje afkoelen en klop dan de *fromage frais* erdoor.
5. Leg een plak gebakken deeg in de vuurvaste schaal. Daarop de helft van de béchamel en de helft van de vis of de kip. Dan weer een deegplak met daarop de zuringsaus en de eieren (en de garnalen als die gebruikt worden). Vervolgens een plak met daarop de rest van de béchamel en vis of kip (evt. kaviaar). Tenslotte een plak deeg.
6. Bedek met folie en zet het ongeveer 20-25 minuten in de oven tot het kokendheet is geworden.

Serveren met groene sla.

Zalmkoekjes met dillesaus

PIP

Deze viskoekjes zijn heel goed bij de gebakken gemarineerde courgettes (blz. 116).

(8 personen)

VOOR DE KOEKJES:
350 gr zalm of 225 gr zalm en 125 gr kabeljauw (of andere witte vis)
450 gr aardappels
30 gr boter
1 theelepel fijngesneden dille
wat fijngesneden peterselie
zout en peper naar smaak
een beetje citroensap
1 geklutst ei voor het binden van een beetje bloem
2 geklutste eieren om de koekjes door te halen
115 gr vers paneermeel
plantaardige olie om te bakken

Zalmkoekjes met dillesaus

VOOR DE SAUS:
30 gr bloem
30 gr boter
3 dl kippebouillon
3 dl garderoom
2 eetlepels citroensap
1 flinke bos dille, fijngesneden
2 theelepels Dijon mosterd
zout en peper
dille voor de garnering

1. De vis pocheren (met kokend water overgieten en heel zacht laten sudderen) en uit elkaar halen. Laat het kookvocht wat inkoken en bewaar het voor de saus.
2. Kook en pureer de aardappels.
3. Meng de vis, de aardappels, boter, dille, peterselie, zout, peper en citroen en bind het met wat ei.
4. Verdeel het mengsel met met meel bestoven handen in acht gelijke delen.
5. Maak er platte ronde koekjes van.
6. Haal ze door het geklutste ei en daarna door het paneermeel.
7. Maak voor de saus een roux van de boter en de bloem. Voeg al roerend beetje bij beetje de visbouillon toe en laat een paar minuten koken. Doe de room, citroensap, mosterd en dille erbij. Breng op smaak.
8. Verhit de olie in een koekepan en bak de zalmkoekjes aan beide kanten goudbruin en knapperig. Men kan ook een frituurpan gebruiken. Laat ze afdruipen op keukenpapier.
9. Laat de dillesaus door en door warm worden en geef het erbij.

Garneren met een takje dille.

Zeeduivel met prei en limoensaus

PIP

(4 personen)

900 gr zeeduivel, goed schoongemaakt
en gesneden in blokken van 2-3 cm
zout en peper naar smaak
85 gr boter
4 preien, gewassen en in dunne plakjes
1 eetlepel bloem
1,5 dl visbouillon
1 theelepel gedroogde (of 2 verse) dragon
1,5 dl garderoom
sap van 1 limoen
garneren met schijfjes limoen en wat
blaadjes verse dragon

1. Kruid de zeeduivel met zout en peper en bak de stukken in een koekepan met kleine hoeveelheden tegelijk in 30 gr boter. Wegzetten.
2. Laat de prei in dezelfde pan zacht worden met toevoeging van 30 gr boter. Op smaak brengen en warm wegzetten.
3. Smelt de rest van de boter in de pan, roer de bloem erdoor, voeg al roerend het vocht toe dat uit de zeeduivel is gekomen en het grootste deel van de visbouillon.
4. Wanneer de saus dik begint te worden de dragon erbij doen, het sap van een limoen en het grootste deel van de room.
5. Leg de stukken zeeduivel in de saus met het vocht dat eruit is gekomen en kook het een paar minuten zachtjes door.
6. Op smaak brengen, zonodig een beetje room of visbouillon toevoegen.
7. Leg de prei op een verwarmde schaal en schep de zeeduivel en de saus erop.

Garneren met plakken limoen en verse dragon en meteen opdienen.

L.D. Omdat ik ben opgegroeid in een roomskatholiek gezin, aten we vrijdags altijd vis. Ik weet niet zeker of dit ten behoeve van ons zieleheil of dat van de visboer was. Mijn vaders favoriete gerecht was mijn moeders traditionele vispastei: grote vlokken schelvis, de helft gerookt en de andere helft ongerookt, zorgvuldig gepocheerd in melk met klontjes boter, een laurierblad en een paar peperkorrels. Er was altijd een peterseliesaus bij, gemaakt van heel veel fijngehakte peterselie en het kookvocht. Plakjes hardgekookte eieren werden aan de pastei toegevoegd en een heerlijke aardappelpuree werd eromheen gespoten. Maar het belangrijkste van deze pastei was dat er geen graat meer inzat. Mijn moeder was ervan overtuigd dat de meeste kinderen alleen maar niet van vis houden omdat er graten inzitten, en ik ben er zeker van dat ze gelijk had. Dit is in ieder geval het geheim van de vissticks waar alle kinderen, die van mij ook, zo dol op zijn.

Rose

R.D. Rose is de moeder van Michael, en Michael is de man van Lucy, mijn jongste dochter. Rose is een volbloed Cherokee Indiaan uit het zuidwesten van Amerika en dat alleen al maakt haar een veel interessanter en gecompliceerder mens dan de meeste Europeanen.

Rose straalt op middelbare leeftijd nog steeds een en al energie uit. Elektrische vonken lijken van haar af te springen. Ze kan in alle omstandigheden voor zichzelf zorgen en dat heeft ze ook altijd gedaan. Ze is inventief, origineel en heeft een onfeilbaar oog voor kunst. Je kunt wel raden dat toen haar werd gevraagd een paar recepten te leveren voor een familiekookboek, zij met iets heel ongewoons en bijzonder lekkers aan zou komen zetten. Zij heeft onze verwachtingen overtroffen met deze Paella salade. En al haar andere opmerkelijke recepten zijn zeer aan te bevelen, wat mij betreft vooral de zoete aardappelrand (blz. 178).

Paella salade

ROSE

(6-8 personen)

ruim 1 kilo inktvis, na het koken
gereduceerd tot 225 gr
6 dl melk
150 gr peultjes
150 gr gepelde garnalen
300 gr gekookte kip in reepjes
60 gr selderiestengels in stukjes
200 gr ontpitte rode, gele en groene
paprika in stukjes
60 gr fijngesneden ui (naar keuze)
fijngesneden peterselie
zout en peper

VOOR DE SAUS:
3 dl mayonaise
1,5 dl zure room
1 knoflookteentje uit de knijper
2-3 theelepels zeer fijngesneden gember

1. Trek met de kop de daaraan vastzittende ingewanden uit de inktvis. Trek de plastic-achtige balein er ook uit en al het zachte witte spul. Haal het paarsige vel van lijf en vinnen. Snijd de tentakels af onder de ogen. Verwijder het mondje door het midden van de tentakels samen te persen.
2. Spoel het lijf van binnen en van buiten goed af onder de kraan.
3. Snijd het lijf in ringen van ½ cm en de tentakels in reepjes.
4. Leg de inktvis in een grote steelpan met zoveel melk dat hij net onderstaat. Deksel erop en zachtjes koken op een zacht pitje. Haal na 2 minuten het deksel eraf en roer goed om. Deksel er weer op en nog 3 minuten sudderen. Proef een stukje: het moet nu heerlijk zacht en rozerood van kleur zijn. Afgieten en laten afkoelen.
5. Peultjes blancheren (met koud water opzetten en als het kookt afgieten) en de peultjes laten schrikken onder de koude kraan.
6. Leg de inktvis, de peulen en alle andere ingrediënten in een kom en meng ze goed.
7. Maak de saus van de aangegeven ingrediënten. Breng op smaak. Over de salade gieten en door elkaar husselen.

Serveren met warm brood.

Spivs favoriete pastasaus

Een variatie op de traditionele Italiaanse pestosaus, waarvoor ingrediënten worden gebruikt die het hele jaar door te verkrijgen zijn. Het kan 3-4 dagen in de ijskast worden bewaard, mits het in een pot met schroefdop wordt gedaan.

(6 personen)

55 gr gesneden korianderblaadjes
85 gr hazelnoten, geroosterd en
fijngesneden zodat ze nog knapperig zijn
85 versgeraspte Parmezaanse kaas
1 theelepel zout
versgemalen zwarte peper
4-5 eetlepels olijf- of notenolie

1. Mix de korianderblaadjes met de hazelnoten en de Parmezaanse kaas.
2. Voeg zout en peper toe.
3. Al roerend langzaam de olie toevoegen.
4. Voorzichtig warm maken in een steelpannetje. Maar het mag niet koken!
5. Meng het door de afgegoten pasta en dien meteen op.

Men kan peterselie gebruiken in plaats van korianderblaadjes, maar dan wordt de saus iets minder verrassend.

Fran Collins' pastasaus

(6 personen)

4 eetlepels olijfolie
4 tenen knoflook
2 ansjovissen
1 groot blik gepelde tomaten
1 eetlepel kappertjes
snufje chilipoeder
10 zwarte olijven
10 groene olijven in stukjes gesneden
140 gr geraspte Parmezaanse kaas

1. Verhit de olie. Bak de knoflooktenen bruin, haal ze uit de pan en gooi ze weg.
2. De ansjovis hakken of door een knoflookknijper doen, en zachtjes in de olie 30 minuten smoren te zamen met de tomaten.
3. Voeg de rest van de ingrediënten toe en smoor nog 15 minuten.
4. Kook genoeg pasta voor 6 porties.
5. Meng de saus erdoorheen.
6. Serveren met geraspte Parmezaanse kaas.

Moussaka-achtige lasagne

ASTA

(6 personen)

115 gr boter
2-3 grof gesneden uien
1-2 tenen knoflook
2 groene of rode paprika's
225 gr champignons of andere paddestoelen in schijfjes
½ literblik gepelde tomaten
4 theelepels zoet paprikapoeder
zout en peper
450 gr gaar rundergehakt
1 eetlepel olie
10 vellen groene lasagna
½ liter béchamelsaus
ca. 3 ons geraspte Lancashire kaas
(of andere belegen kaas)

1. Verhit 55 gr boter in een pan en fruit zachtjes de ui en de knoflook.
2. Doe de paprika erbij en 5 minuten meesmoren, voeg zo nodig de rest van de boter toe.
3. Nu de paddestoelen, de tomaten, paprikapoeder, zout en peper erbij.
4. Vlees toevoegen en doorwarmen.
5. Breng een pan met water aan de kook. Voeg zout en een eetlepel olie toe en kook de lasagna 10-15 minuten, zonder deksel, *al dente*.
6. Lasagna afgieten en de bladen naast elkaar op een schone theedoek leggen. Vul een vuurvaste schotel met afwisselend lagen vleesmengsel en lasagna, met bovenop een laag béchamel bedekt met de kaas. Zet de schaal onder de niet te hete grill tot de kaas knapperig is. Daarna meteen opdienen of in een niet te warme oven zetten op 110°C of stand 1, om het warm te houden. Zelfs 2 uur later zal het nog goed zijn.

Serveren met spinaziesla en veel wijn.

Quentin Blake

R.D. Wat weet u van Quentin Blake? Niet erg veel. Hoe komt dat? Dit is per slot van rekening een man die in mijn ogen op dit moment de beste illustrator van kinderboeken ter wereld is, en zijn werk is bekend bij miljoenen, en toch weten maar weinig mensen iets af van deze charmante, geestige, begaafde en nogal verlegen kunstenaar.

Ik en het grootste deel van mijn familie hebben het voorrecht hem goed te kennen en iedereen is dol op hem. Met een verbazingwekkende flair heeft hij tot dusver veertien van mijn kinderboeken geïllustreerd en het zijn Quents tekeningen die, veel meer dan mijn beschrijvingen, zulke figuren als de GVR, juffrouw Bulstronk, meneer Griezel en de Opperheks tot leven hebben gebracht. Het zijn de gezichten en de lichamen die hij tekent, die kinderen over de hele wereld zich herinneren.

En toch, omdat Quent zo bescheiden en teruggetrokken is, weten maar heel weinig mensen zelfs hoe hij eruitziet. Hij is even over de vijftig en al is hij zeker niet dik, hij geeft de indruk eerder rond dan lang te zijn. Het topje van zijn hoofd is tamelijk kaal en daaronder kijkt een engelachtig gezicht met geamuseerde verdraagzaamheid de wereld in. Wanneer hij en ik samen aan een nieuw boek werken en hij een pen in zijn hand heeft, is het wonderbaarlijk te zien met hoeveel gemak hij een figuur of een scène schetst. 'Zoiets bedoel je?' vraagt hij dan en zijn pen vliegt met grote snelheid over het papier en maakt dunne lijntjes met zwarte inkt en in dertig seconden staat er een nieuwe tekening. 'Misschien moet hij er wat dreigender uitzien,' zeg ik dan. Opnieuw vliegt zijn pen over het papier en daar verschijnt voor je ogen precies wat je in gedachten had.

Net als wij, is Quent een varken met onderscheidingsvermogen waar het eten betreft. Hij heeft zelfs een klein huisje in Frankrijk waar hij *hun* voedsel aan zijn eigen tafel kan eten, en alles wat hij over dat onderwerp te zeggen heeft, is de moeite waard om naar te luisteren.

Toen Liccy hem vroeg om een recept voor dit boek, reageerde hij meteen met het buitengewone 'Pikante krokodil'. (Dit sloeg kennelijk op het eerste boek dat hij van mij illustreerde *De Reuzenkrokodil*.) Wie anders zou zoiets koken? Josie's briljante interpretatie kunt u zien op Jans foto van het kinderpartijtje op blz. 161, en het is typisch Quent om aan te komen met verreweg het origineelste recept van het hele boek. De kinderen waren er gek op.
Zij zijn gek op alles wat hij doet.

SAVOURY CROCODILE

GROENTEN EN SALADES

Worteltjes met komijn en gember 105
Marius' wortels 106
Bloemkool met garnalen 106
Asta's worteltjes 109
Asta's spinazie 109
Josie's spinazie 109
Charlottes pakketjes 110
Gecaramelliseerde zoete aardappelen 111
Aardappel/lof soufflé 111
Aardappeltaart 112
Liccy's altijd-lukkende knapperige geroosterde aardappeltjes 112
Aardappelen en uien met room en knoflook 113
Kathy's aardappelpannekoek 113
Meiraapjes met bieslook 113
Neisha's aubergines 115
Rode en witte-wortelschotel 115
Caponata 116
Gemarineerde courgettes 116
Gebakken haricots verts 117
Zeesla 122
Gestoofde rode kool 123
Gebakken kool met spek 124
Roomkool 124
Theo's pindacake 125
Wilde rijst risotto 126
Gebakken venkel met mousselinesaus 127
Ali's Ail 127
Gebakken uiringen en peterselie 128
De komkommersla van meneer Wells 132
De slasaus van meneer Wells 132
De bietensla van meneer Wells 132
Gipsy House sla 133
Dimity's rode en groene paprikasalade 134
Tomatensla speciaal 135
Lucy's sla 135
Jennifers sla 136

Groenten

R.D. Groente is zeker het beste voedsel dat er is, maar om er volledig van te kunnen genieten, moet je het jammer genoeg zelf verbouwen. Alleen dan kun je de gouden regels van de bereiding van volmaakte groenten volgen. Dit zijn de grondregels:

1. Alle groenten (behalve de gewone aardappels) moeten jong geoogst worden. Een tuinboon mag niet groter zijn dan de nagel van je pink. De pronkboon mag niet groter worden dan 12-15 cm, de worteltjes moeten heel klein zijn, en de prei zo dun als een ouderwetse vulpen. Dezelfde regel is van toepassing op pastinaken, meiraapjes, bieten en erwten, spruitjes en natuurlijk nieuwe aardappels.
2. Groenten mogen nooit lang voor het koken geplukt of uitgegraven worden. Ik besef dat dit onmogelijk is voor een stadsbewoner, maar

het is heus de enige manier om ze in hun volle glorie te kunnen proeven. Het is namelijk een merkwaardig, maar weinig bekend feit dat zodra de groente van de moederplant wordt afgeplukt, geheimzinnige enzymen aan het werk gaan om de suiker die erin zit, om te zetten in zetmeel. Het verdwijnen van de suiker en het substitueren van zetmeel maakt de groente houdbaar en gaat rotten tegen, maar het bevordert de smaak niet. Dit fenomeen merk je het sterkst bij suikermais. Amerikanen weten daar alles van en zijn er heel precies in. Zij verbouwen vaak zelf mais in hun tuin en gaan de kolven pas plukken wanneer het water staat te koken. Deze regel is op vrijwel alle groenten van toepassing.

3. Alle groenten moeten vanzelfsprekend een beetje te kort worden gekookt zodat de structuur en de smaak bewaard blijven.

Wat mij betreft is de jonge tuinboon de koning van allemaal. Een bord vol tuinbonen, licht gepenseeld met gesmolten boter en bestrooid met een snufje zout, zonder iets anders op een warm bord vóór het hoofdgerecht, verschaft een intens genot. Er is niets dat eraan kan tippen. De zachte, buitengewoon subtiele smaak is onbeschrijfelijk. Maar nooit, helemaal nooit, de smaak verpesten door tuinbonen op één bord te leggen bij het vlees en de jus. De eerste oogst van de jonge doperwtjes moet net zo behandeld worden, en die zijn bijna even wonderbaarlijk, maar net niet helemaal. In feite, zoals de Fransen weten, moet alle mooie, jonge groente apart gegeten worden als een afzonderlijke delicatesse.

Eens heeft een beroemde theaterproducent me uitgenodigd voor de lunch in de Savoy Grill. Hij vroeg aan de gerant: 'Zijn er al tuinbonen?' 'Jawel, meneer,' antwoordde de elegante hielenlikker onderdanig. 'Ze zijn net binnengekomen.' 'Dan wil ik die hebben,' zei de producer, 'maar wel gedopt.' De gerant trok wit weg, maar zei niets.

De grote broccolisprieten waar dure restaurants zo dol op zijn, vind ik saai en bijna smakeloos, daarom wordt het onveranderlijk opgediend met Hollandaise om het eetbaar te maken. Maar het andere soort broccoli, de paarse en de witte, is uitmuntend voor in de tuin. Ze leveren je minstens zes weken lang verse, jonge spruiten in de vroege lente.

Ook een traktatie zijn nieuwe aardappeltjes, vers opgegraven wanneer ze nog klein zijn. De beste om te verbouwen vind ik tegenwoordig de Suttons Foremost. Maar ik laat ze nooit groter worden dan een reine-claude. Ik ben bang dat al die geïmporteerde nieuwe aardappels die vanuit Malta, Cyprus, Egypte en Israël ons land binnenstromen vóór de onze er zijn, te lang liggen om nog veel smaak te hebben, al zijn ze een hele verbetering ten opzichte van de winteraardappels en vormen ze een belofte van wat ons te wachten staat.

Ik ben dol op zoete aardappels en ik begrijp niet waarom ze niet vaker worden gegeten in Engeland. Ze zijn veel beter voor je dan de gewone grote melige aardappels, omdat ze grote hoeveelheden ruwe vezel bevatten. Heel interessant is wat een patholoog verbonden aan het ziekenhuis van High Wycombe eens tegen me zei: 'Er woont een groot aantal Westindiërs in High Wycombe en hun dagelijkse kost bestaat uit zoete aardappels of yams. Door het hoge vezelgehalte van deze groente, heb ik in dit ziekenhuis nog nooit een zwarte patiënt gehad met klachten over darmen of de dikke darm. Dat is heel opmerkelijk. Terwijl deze problemen bijna een epidemie vormen bij de blanken die dit uitstekende voedsel niet eten.' Dus houdt dat in gedachten, eters van gewone witte aardappelen die geloven dat zij zo gezond zijn. Probeer liever een keer zoete aardappels.

Worteltjes met komijn en gember

VIRGINIA

(4-5 personen)

1 pond worteltjes (jonge worteltjes heel laten, grotere wortels in dunne *julienne* reepjes snijden)
55 gr boter
1 eetlepel bruine suiker
½ eetlepel witte wijnazijn
1 eetlepel komijnzaadjes
15 gr fijngesneden verse gember
2 eetlepels fijngesneden peterselie
zout en peper

1. Stoom of kook de worteltjes bijtgaar.
2. Doe intussen de boter, de bruine suiker en de wijnazijn in een steelpan en roer tot alles gesmolten en vermengd is.
3. Voeg de komijn en de verse gember toe. Schud het dan om met de pasgekookte worteltjes en de peterselie.
4. Breng op smaak met zout en peper en schik het op een schaal.

Dit is een van mijn lievelingsrecepten. Ik zou willen dat de Engelsen hun groenten op de Franse manier gingen eten, n.l. als een gerecht op zichzelf, zodat de fijne smaak goed uitkomt.

Marius' wortels

(4-5 personen)

25 gr boter
1 pond wortels
1 kleine ui, gepeld en in dunne
plakken gesneden
2 theelepels bruine suiker
⅛ liter garderoom
zout en peper
fijngesneden peterselie

1. Smelt de boter in een koekepan (liefst met deksel).
2. Maak afwisselend lagen van wortels en uien.
3. Doe het deksel op de pan en smoor 20 minuten op een laag vuur tot alles zacht is.
4. Op smaak brengen met zout en peper. Strooi de suiker erover.
5. Giet de room erover en laat nog 10 minuten stoven.

Schep het op een schaal en strooi de peterselie erover.

Bloemkool met garnalen

ASTA

Toen ik klein was vormden onze zomervakanties in Noorwegen het hoogtepunt van het jaar. Het was altijd mooi weer, en Louis, mijn oudste halfbroer, wist altijd op de een of andere manier onze oude motorboot *The Hard Black Stinker* aan de praat te krijgen en daarmee gingen we op de eilanden picknicken en zwemmen. Op de terugweg hoorden we altijd het tjoek-tjoek van de terugkerende garnalenboten en we reikten onze emmers aan om te vullen met versgekookte garnalen, die we ter plaatse pelden en opaten.

1 bloemkool, in zijn geheel gekookt
6 dl witte saus met 2 eetlepels
droge sherry
450 gr gepelde garnalen

De garnalen door de saus roeren en daarna over de bloemkool gieten.

Mijn eigen recept voor garnalencocktail is:

Het rode vlees van een stuk watermeloen in blokjes snijden en de zwarte zaadjes eruit halen. Vermengen met mayonaise en een royale hoeveelheid garnalen. Heel koud opdienen in glazen met veel bruin brood en boter.

Een heel simpel zomertoetje op mijn Noorse vakantie was *rips*. Dat zijn aalbessen van hun takjes gerist en bedekt met poedersuiker. Daarna gedoopt in echte custardvla gemaakt van garderoom waarin een vanillestokje heeft meegekookt. De bessen zijn net zo lekker met alleen room.

Als kind had ik een ontzettende hekel aan ontbijten en om mij in de eetzaal van het hotel aan tafel te houden, bestelde mijn moeder altijd twee rauwe eierdooiers in een hoog glas. Daar deed ze twee eetlepels poedersuiker bij en zei dat ik ze net zolang moest kloppen tot ze wit werden. Daarna kon ik ze opeten – dit wordt *Eggedosis* genoemd en smaakt heel lekker, vooral met een scheutje cognac, maar dat kreeg ik nooit bij het ontbijt.

Dit is geen recept, maar een gebeurtenis die plaatsvond tijdens de oorlog. Ik was thuis met verlof van de WAAF en mijn moeder had een paar heel speciale gasten voor de lunch op zondag. Ze was er in geslaagd een konijn te bemachtigen en met haar bijzondere toverkunst had ze er met wat spek, worteltjes, ui en kruiden een feestmaal van weten te maken. Ze vroeg mij om het naar de eetkamer te dragen, maar ik struikelde over de drempel van de keukendeur en viel languit op de grond met konijn en al. We schepten het van de vloer, deden het in een andere schaal, warmden het op, dweilden de vloer en niemand had iets in de gaten, het smaakte nog steeds verrukkelijk.

Drie zusters

R.D. Al woonden onze ouders hier in Engeland (of eigenlijk in Wales) bij onze geboorte, ze waren toch volledig Noors, en bij ons thuis werd bijna geen Engels gesproken. Het sprak dan ook vanzelf dat wij allemaal Noorse namen kregen: Alfhild, Roald, Else en Asta. Alfhild, die Alf wordt genoemd, is 76, ik ben 74, Else is 73 en Asta is 70, dus u ziet wel dat we allemaal al aardig op leeftijd komen.

Alf, de oudste, was en is nog steeds een echte excentriekeling. Al vanaf haar jeugdjaren leidde zij een excentriek leven. Als levenslustig meisje van begin twintig hield ze zich op tussen de knappe en succesvolle mannen van Londen, componisten (William Walton), schrijvers (Arthur Bryant) en allerlei andere interessante kerels. Ze rookte sigaretten, dronk champagne uit haar schoentje, danste bovenop tafels en kwam 's morgens pas heel laat uit bed. Toen trouwde ze plotseling en veranderde haar leven volledig. Ze trouwde met een man die zelfs nog excentrieker was dan zij, een kleine, niet erg innemende man, die geen baan had en er ook geen wilde hebben, en samen nestelden zij zich in een klein huisje met een strodak in een afgelegen dorpje in Buckinghamshire dat Ludgershall heet, maar nog steeds – neem daar goede nota van – niet ver van onze moeder. Ze leefden doodzuinig op een heel klein beetje kapitaal en hun belangstelling ging uit naar tuinieren en achttiende-eeuwse architectuur. Zelfs met weinig of geen geld bleek hun excentriciteit uit het feit dat ze op de een of andere manier erin slaagden een kleine, prachtige tweedehands Rolls-Royce coupé met het nummer DOS 1, op de kop te tikken en daarin zwierven ze rond door de streek en bezochten en bewonderden mooie oude landhuizen en hun tuinen.

Geen van twee hebben ze ooit een betaalde baan gehad of geld verdiend. Liever dan werken om geld te verdienen, wat ze allebei met gemak hadden kunnen doen, leefden ze in betrekkelijke armoede. Het

Asta, Else, Alf, Roald

was een merkwaardige manier van leven, en na de dood van haar man, bleven Alf en haar enige dochter min of meer op dezelfde manier doorleven, in een klein huisje in een klein dorp. In hetzelfde dorpje, op een paar honderd meter afstand, woont een van onze zusters, Else, en een paar kilometer verder staat mijn eigen huis. We hebben allemaal veel contact met elkaar en zien elkaar minstens twee keer per week.

Else is het lijnrecht tegenovergestelde van Alf. Zij heeft het patroon van haar moeder gevolgd: ze trouwde de man waar ze van hield, bracht drie kinderen groot en heeft dat met volle toewijding gedaan. Hierin valt niets excentrieks te ontdekken, gewoon een kalme tocht door een leven waarin kinderen en kleinkinderen voorop staan en waarin het haar taak is er te zijn en hen waar mogelijk te helpen. Haar

Alf, Asta, Roald, Else

kinderen en hun mannen groeperen zich om haar heen en zijn dol op haar. Een expert op het gebied van tuinieren en koken, en bepaald niet op haar achterhoofd gevallen, heeft zij zich de kunst eigen gemaakt van het vrouw en moeder zijn en een kalm leven te leiden.

Asta, de jongste, lijkt in niets op de andere twee. Zij was altijd de doener, de actieveling met een onuitputtelijke energie. In de oorlog meldde ze zich aan bij de WAAF, de vrouwelijke tak van de RAF, en werd algauw officier. Eerst werkte ze bij gevaarlijke radarstations aan de zuidkust en daarna bij de versperringsballonnen die onze steden omringden en de Duitse bommenwerpers dwongen hoog te vliegen.

Tegen het einde van de oorlog ging ze naar Noorwegen als commandant van de daar gelegerde WAAF en ik geloof dat ze daarvoor nog een medaille heeft gekregen van de koning van dat land. Maar toen ze met een veearts trouwde hield ze op met werken, ging op zeven km afstand van mijn moeder wonen (allicht) en wijdde zich aan haar man en haar drie kinderen.

Asta kan al net zo goed koken als haar zusters, maar waar zij vooral in uitblinkt is het verbouwen en daarna bereiden van haar eigen groenten. In het juiste seizoen is haar groentetuin een wonder om te zien, met zijn dichte rijen erwtjes en bonen en wortelen en bieten en alles wat je maar kunt bedenken, zorgvuldig om de zoveel tijd geplant zodat er een voortdurende aanvoer van malse, jonge groente is.

Asta's worteltjes

Snijd de worteltjes in plakjes en kook ze in water met minstens een theelepel suiker tot ze bijtgaar *al dente* zijn. giet ze af door een zeef en bewaar het kookvocht.

Smelt 25 gr boter in een steelpan, 15 gr bloem erbij doen, voeg al roerend langzaam het vocht van de wortels toe. Laten inkoken tot een dunne saus. Worteltjes erbij doen en een flinke eetlepel peterselie. Opdienen.

Asta's spinazie

Weinig mensen weten hoe ze spinazie moeten koken, of het nu hun eigen spinazie is of diepvries.

Al het water eruit knijpen. Smelt 40 gr boter in een pan, doe de spinazie erbij en roer tot het vermengd is met de boter. Voeg 1 tot 2 theelepels suiker toe, dan zout, peper en nootmuskaat. Daarna room en melk erbij doen tot het de juiste dikte heeft. Eventueel nog wat zout en peper toevoegen.

Josie's spinazie

(4-5 personen)

50 gr boter
1 fijngesneden ui
2 eetlepels sesamzaadjes
1 kilo spinazie (gewassen en gedroogd, grootste stelen verwijderd)
½ theelepel nootmuskaat
6 eetlepels garderoom
citroensap
zout en peper
een beetje melk

1. Smelt de boter in een grote koekepan.
2. Bak de ui en de sesamzaadjes lichtbruin.
3. Voeg geleidelijk de spinazie toe. Af en toe roeren tot de blaadjes slap worden en daarna nog 2 minuten smoren.
4. Doe de spinazie heel even in de keukenmachine.
5. Nu de nootmuskaat, room, citroensap, zout en peper erbij.
6. Doe het terug in de koekepan en voeg er eventueel nog wat melk en wat zout en peper aan toe.

Charlotte

R.D. Charlotte is mijn tweede stiefdochter. Ze is nog steeds een ongetrouwde carrièrevrouw, maar ik durf te wedden dat ze niet lang ongetrouwd zal blijven: daarvoor is ze veel te aantrekkelijk en te veel gesteld op familiebanden. Ze is een succesvolle free-lance binnenhuis-architecte die met haar smaak en flair een sjofel huisje of een kale flat weet om te toveren in een gezellig paleisje. Een dochter van Liccy moet wel uitstekend koken en Charlottes vlugge vingers kunnen de heerlijkste gerechten bereiden uit de eenvoudigste ingrediënten.

Charlottes pakketjes

(6 personen)

350 gr verse spinazie
25 gr boter
1 sjalotje in dunne plakjes
6 tomaten
6 plakken mager rookspek
170 gr gruyère kaas
4 dl crème fraîche
zout, peper en vers geraspte nootmuskaat
1 pakje bladerdeeg (ca. 3 ons)
115 gr gesmolten braadboter
6 theelepels Dijon mosterd

1. Was en droog de spinazie en haal de dikke stelen eraf.
2. Smelt de boter in een grote pan. Doe de sjalot en de spinazie erin. Zet het deksel erop en laat smoren tot het slap is.
3. In een kom doen en af laten koelen.
4. Pel de tomaten, snijd ze in vieren, haal de pitjes eruit en snijd ze nogmaals doormidden.
5. De grill voorverwarmen. Het zwoerd van het spek snijden en het spek knapperig grillen. Op keukenpapier laten uitlekken.
6. Rasp of schaaf de gruyère.
7. De crème fraîche door de spinazie roeren en op smaak brengen met peper, zout en nootmuskaat.
8. Leg een velletje bladerdeeg op een licht met bloem bestoven oppervlak. Kwast er boter over en vouw het dubbel.
9. Oven voorverwarmen op 230°C of stand 8.
10. Smeer een theelepel mosterd uit net boven het midden van het velletje. Daarop een lepel spinazie, wat stukjes knapperig spek, wat stukjes tomaat en bovenop wat gruyère.
11. Vouw de bovenrand van het deeg eroverheen, daarna de zijkanten, inkwasten met boter en vervolgens de overblijvende deegflap eromheen rollen zodat het rechthoekige pakketje gesloten wordt.
12. Herhaal dit tot alle ingrediënten op zijn. Er moeten 12 pakketjes van te maken zijn.
13. Leg ze op een met meel bestoven bakplaat en bak ze 25-30 minuten tot ze goudbruin en knapperig zijn.

Serveren met sla.

Gecaramelliseerde zoete aardappelen

Dit smaakt uitstekend bij ham.

(4-5 personen)

ca. 7 ons zoete aardappels
30 gr boter
85 gr rietsuiker

1. Kook de aardappels in water bijna gaar.
2. Snijd ze in de lengte in vieren.
3. Smelt de boter in een koekepan.
4. Leg de aardappels in de pan en strooi de suiker erover. De suiker smelt in de boter en wordt een soort caramel. Keer de aardappels zodat ze overal bedekt zijn met de caramel en een knapperig korstje krijgen. Dit duurt 5-7 minuten.

Op een verwarmde schaal leggen en opdienen.

Aardappel/lof soufflé

ANNE

Dit gerecht kan eventueel met andijvie worden gemaakt.

(6 personen)

½ pond lof
1 kilo aardappels
55 gr boter
1 uitgeperste knoflookteen
6 eetlepels room
3 gescheiden eieren
zout en peper

1. Een soufflévorm van 2 liter inhoud invetten met boter en ondersteboven in de ijskast zetten.
2. Verwijder de beschadigde buitenste bladeren van de struikjes lof. In de lengte halveren en

in dunne reepjes of schijfjes snijden.
3. Kook de aardappels.
4. Oven voorverwarmen op 230°C of stand 8.
5. Smelt 25 gr boter in een koekepan. Knoflook en lof toevoegen en 10 minuten zachtjes smoren.
6. Giet de aardappels af en maak er puree van.
7. Meng lof, room, eierdooiers en kruiden door de puree.
8. Eiwitten stijfkloppen en voorzichtig door de puree spatelen.
9. Schep het mengsel in de souffléschaal en maak het oppervlak ruw. Leg er wat klontjes boter op.
10. 35-40 minuten in de oven bakken. Meteen opdienen.

Aardappeltaart

MARWOOD YEATMAN

Hiervoor hebt u een gietijzeren koekepan van 20 cm nodig, die niet aanbakt. Er moet een metalen handvat aanzitten. Hiervoor zijn alle soorten aardappelen geschikt, van stevig tot bloemig. Hij smaakt heel goed bij rosbief of lamsvlees. Door het zout blijft de buitenkant knapperig.

(6 personen)

1½ kilo aardappels, geschild en in zo dun mogelijke plakjes gesneden of geschaafd
gezuiverd ganze-, eende- of kippevet
zout

1. Zet de pan op een matig vuur. Doe er precies genoeg vet in om de bodem te bedekken en ook de zijkanten vet te maken.
2. Leg vanuit het midden van de pan de schijfjes aardappel in cirkels. Laat ze elkaar iets overlappen en zorg ervoor dat ze goed aansluiten. Op die manier laag na laag opbouwen terwijl de aardappels zachtjes bakken. Doe er op het laatst 2 eetlepels vet overheen.
3. De pan met vetvrij papier afdekken en 75 minuten in de oven zetten bij een temperatuur van 180°C of stand 4. Het papier 20 minuten voor het einde verwijderen.
4. Maak de randen van de aardappeltaart los met een mes. Schud de pan om er zeker van te zijn dat de taart los is van de bodem. Giet het overtollige vet af.
5. Keer de taart voorzichtig op een schaal. Strooi er zout op en snijd hem in stukken.

Liccy's altijd-lukkende knapperige, geroosterde aardappeltjes

Dit is handig om te maken wanneer er toch een stuk vlees in de oven wordt bereid.

1½-2 uur van tevoren klaarmaken en in de oven zetten voor het vlees erin gaat.

1. Schil en kook de aardappels 10 minuten tot ze van buiten zacht en hard van binnen zijn.
2. Doe intussen wat vet in een braadslee en zet die in de hete oven (220°C of stand 7) tot het vet knettert.
3. Giet de aardappels af en schud ze meteen in het hete vet. Pas op voor spetters!
4. Keren, bedruipen, bestrooien met zout en terugzetten in de oven, zo hoog mogelijk. De oven nu lager zetten voor het vlees.
5. Haal de aardappels er na 15 minuten uit. Nogmaals keren en bedruipen. Zet ze terug in de oven. Laat ze 1½-2 uur in de oven staan tot opgediend wordt.

Aardappelen en uien met room en knoflook

MARWOOD YEATMAN

(6-8 personen)

1 kilo stevige aardappelen
3 dl room
3 dl melk
1 grote ui, fijngesneden
zout en witte peper
boter
1 teentje knoflook

1. Aardappels schillen en in niet te dunne plakken snijden.
2. In een pan doen met de melk en de room en op smaak brengen met zout en peper.
3. 10 minuten zachtjes laten koken. Af en toe roeren en zo nodig meer melk toevoegen.
4. Beboter een vuurvaste schaal en wrijf hem in met knoflook. Schep het aardappelmengsel erin en laat het een uur in de oven bakken bij een temperatuur van 180°C of stand 4.

Meteen opdienen.

Kathy's aardappelpannekoek

Een uitstekend alternatief voor gebakken aardappelen

(6 personen)

1 kilo aardappels
zout
½ pond braadboter (of olie)

1. Aardappels wassen, afdrogen en schillen. (Doe ze niet in water, want het aardappelmeel is nodig om de koek te binden.) Doe er zout bij.
2. Rasp de aardappels met een grove rasp en doe er zout bij.
3. Laat de boter of olie in een grote koekepan goed heet worden.
4. Schep de aardappels in één keer in het vet, spreid het gelijkmatig uit en plet ze met een spatel.
5. Bak de koek in ongeveer 5-7 minuten knapperig.
6. Draai hem om (met behulp van een groot deksel) en bak ook de andere kant in 5-7 minuten knapperig.
7. Laat de koek uitlekken op keukenpapier.

Voor het opdienen is een grote verwarmde schaal nodig. Snijd de koek in punten. Men kan ook éénpersoons pannekoekjes maken.

Meiraapjes met bieslook

ALI

Hoe jonger en verser de raapjes hoe beter, omdat op deze manier de smaak uitstekend bewaard blijft.

(4 personen)

6 à 7 ons meiraapjes
100 gr boter
2-3 eetlepels fijngesneden bieslook

1. Schil de raapjes en snijd ze in kleine blokjes.
2. Blancheer ze 2-3 minuten in kokend water
3. Smelt de boter in een koekepan.
4. Raapjes toevoegen en 5 minuten zachtjes smoren. Dien ze op in de botersaus en strooi er de bieslook over.

Neisha

R.D. Neisha is mijn oudste stiefdochter. Haar moeder gaf haar de naam Neisha vanaf het eerste begin, omdat Liccy een hele fles magnesiummelk innam om haar geboorte te verhaasten en die naam heeft zij sindsdien behouden. Neisha is getrouwd met Bill, een Amerikaanse ontwerper van auto's in Engeland, en Neisha is zelf, let wel, een bijzonder begaafde textielontwerpster. Zodra zij haar einddiploma van het Royal College of Art had behaald, werd er om haar gevochten door de grote textielfabrieken en binnenhuisarchitecten en dit was nog maar het begin. Haar ontwerpen zijn origineel, schokkend en heel erg mooi, dat is ze zelf ook, en haar kookkunst niet minder.

Neisha's aubergines

Dit kan dienen tot lichte maaltijd met sla erbij of als groente bij een vleesgerecht.

(6 personen)

350 gr aubergines
zout
2 middelgrote uien
3 teentjes knoflook
6-8 eetlepels goede olijfolie
2 halve literblikken gepelde tomaten, afgegoten en in stukken gesneden
1 bos basilicum, grof gesneden
peper
1 afgestreken theelepel suiker
5 eetlepels water
2 eetlepels tomatenpuree
170 gr geraspte gruyère gemengd met
50 gr Parmezaanse kaas

1. Snijd de aubergines overlangs in dunne plakken van ½-1 cm. Leg ze op een schone theedoek en bestrooi ze met zout. 30 Minuten laten liggen, droogdeppen, dan omkeren en herhalen.
2. Oven voorverwarmen op 150°C of stand 2.
3. Snijd de ui fijn en pers de knoflook uit. Fruit dit in 2 eetlepels olie tot de ui glazig is.
4. Voeg tomaten, basilicum, zout en peper toe en laat 15 minuten sudderen.
5. Suiker, water en tomatenpuree erbij doen en nog 30 minuten laten sudderen.
6. Verhit de overgebleven olijfolie met de uitgeperste knoflook in een koekepan en bak de plakken aubergine aan beide kanten bruin. Uit laten lekken op keukenpapier.
7. Leg een laag aubergine op de bodem van een ovenschaal, bedek met een laag tomatensaus en strooi er kaas over. Herhaal dit tot alles is gebruikt en besluit met een laag tomatensaus bestrooid met kaas.
8. Zet dit 30 minuten in de oven tot het pruttelt en lichtbruin van kleur is.

Rode en witte-wortelschotel

CALLIE

(8 personen)

170 gr boter
5-6 ons pastinaakwortels, schoongeschrapt en geraspt
3-4 ons wortels, schoongeschrapt en geraspt
3,4 dl garderoom
versgemalen zwarte peper
2 teentjes knoflook
1 ons vers broodkruim
fijngesneden peterselie
zout en peper naar smaak

1. Oven voorverwarmen op 200°C of stand 6.
2. Vet een grote, ondiepe vuurvaste schaal in.
3. Smelt 1 ons boter in een grote koekepan, doe de geraspte groenten erbij en smoor af en toe roerend tot ze bijna gaar zijn.
4. Op smaak brengen met ruim versgemalen zwarte peper.
5. Doe de massa over in een ingevette ovenschaal en giet de room erover.
6. Smelt in een schone koekepan de rest van de boter en bak daarin de fijngesneden knoflook. Wanneer de knoflook goudbruin is de broodkruim erbij doen en voortdurend roerend meebakken tot die ook goudbruin is geworden.
7. Op keukenpapier laten uitlekken voor het over de wortels wordt gestrooid.
8. Zet de schotel 15-20 minuten in de oven tot hij door en door warm is.

Strooi er peterselie over en serveer.

Caponata

(6 personen)

900 gr aubergines
225 gr fijngehakte bleekselderie
½ dl olie
100 gr fijngesneden ui
2 halve literblikken Italiaanse
gepelde tomaten
2 eetlepels tomatenpuree
2 eetlepels kappertjes
4 fijngewreven ansjovisfilets
zout en peper
2 eetlepels pijnboompitten

1. Schil de aubergines en snijd ze in blokjes van ruim 1 cm. Met zout bestrooien en 30 minuten laten uitlekken. Droogdeppen.
2. Roerbak de selderie 10 minuten in de olie.
3. Voeg de ui toe en bak nog 10 minuten. Uit de pan halen.
4. Roerbak de auberginebIokjes op hoog vuur 8 minuten of tot ze een beetje bruin worden.
5. Nu de selderie en de ui terug in de pan en al roerend de tomaten, tomatenpuree, kappertjes, ansjovis, zout en peper toevoegen. Laat alles nog op laag vuur 15 minuten inkoken.

Doe de pijnboompitten erbij en serveer.

Gemarineerde courgettes

Heerlijk bij de zalmkoekjes op blz. 92.

(6 personen)

900 gr courgettes in dunne plakken van
ca. ½ cm gesneden

VOOR DE MARINADE:
1 grote bos peterselie
3 tenen knoflook
grote bos verse basilicum
1 eetlepel verse of 1 theelepel
gedroogde thijm
zout en zwarte peper, van elk ½ theelepel
ruim 1 dl goede olijfolie

VOOR DE BOVENKANT:
350 gr geraspte (evt. Hollandse) gruyère
of emmentaler
45 gr geraspte Parmezaanse kaas

1. Leg de courgetteschijfjes in een kom.
2. Hak de kruiden fijn in een keukenmachine. Vermeng met de olijfolie en giet over de courgettes. Goed schudden zodat de schijfjes aan alle kanten bedekt worden. Laat een halfuur marineren op kamertemperatuur.
3. Oven voorverwarmen op 200°C of stand 6.
4. Breng de courgettes over in een vuurvaste schotel en strooi de kaas erover. Laat 25 minuten in de oven bakken. De groente moet stevig aanvoelen.
5. Zo nodig nog even onder de grill zetten.

Gebakken haricots verts

CALLIE

(4 personen)

450 gr haricots verts
3 eetlepels reuzel of boter
3 teentjes knoflook uit de knijper
½ theelepel zout
ruim 1 dl water
1 eetlepel sojasaus

1. Bonen afhalen en wassen.
2. Verhit het vet in een pan en voeg de knoflook toe, 2 minuten roerbakken.
3. Doe de bonen in de pan met het zout en roerbak 1 minuut. Daarna het water erbij doen en het deksel op de pan.
4. 5 Minuten stoven tot de bonen een frisse groene kleur hebben.
5. Nu het deksel eraf nemen en soja toevoegen. Nog 5 minuten roeren. Als het vocht bijna is verdampt zijn de bonen gaar.

Ook heerlijk zijn lentegroenten die even geblancheerd en vlug in knoflook en boter gebakken zijn.

Marwood Yeatman en Liccy's verjaardagsdiner

R.D. Ik wilde dat Liccy een mooi diner zou krijgen op haar vijftigste verjaardag. Om precies te zijn wilde Liccy zelf een mooi diner waar al haar oude vrienden voor zouden worden uitgenodigd, naast, dat spreekt vanzelf, alle leden van onze beide grote families. Voor een dergelijke gelegenheid was een gewone maaltijd niet goed genoeg, en geen gewone kok zou het mogen klaarmaken. Er vond druk overleg plaats waarbij Liccy's jongste dochter Loopy, zelf een tikje excentriek, verklaarde dat zij de meest buitengewone en briljante kok van het hele land kende. Hij heette Marwood Yeatman, zei ze, maar meneer Yeatman, voegde ze er meteen aan toe, was heel kieskeurig in voor wie hij kookte. Maar ze zou haar best doen de grote man ervan te overtuigen dat wij mensen waren met een redelijk ontwikkelde smaak die het verschil kenden tussen een Béarnaise en een Hollandaise saus.

Beroemde koks schijnen tegenwoordig de publiciteit net zo sterk te zoeken als popsterren, en de meesten zitten in een of ander peperduur restaurant waar zij zelf eigenaar of mede- eigenaar van zijn en waaruit ze alleen maar zo nu en dan te voorschijn komen om een feestmaal voor een miljonair of ambassadeur te organiseren als hij er maar genoeg voor betaalt. Marwood Yeatman niet. Hij woont toevallig in een klein huisje in het westen en heeft geen restaurant. Hij kwam ons opzoeken en hij bleek een heel charmante man te zijn, die, zei hij, met alle plezier Liccy's zeventig gasten een feestmaal voor wilde zetten op voorwaarde dat hij zelf het eten mocht uitzoeken en inkopen. Zijn honorarium? Hij leek verlegen het er zelfs maar over te hebben, maar hij verzekerde me dat dit redelijk zou zijn. En dat was het beslist.

LICCY'S BIRTHDAY MENU

White fish from Brixham, cooked in butter

— — — — — — — —

Breast of hen pheasant with
a sauce of wild mushrooms
picked by the cook in the New Forest
A very few leeks pulled this morning
Salsify and viper's grass (scorzonera)

— — — — — — — —

A 40 lb. York Ham from the Vale of York
Laver in season from Barnstable
Potatoes
A red and green salad with landcress, sorrel and lamb's lettuce
Red, white and blue cheeses

— — — — — — — —

Apple and pear Tarts
Orange pancakes
A whipped syllabub
Clotted cream from Bideford Market
New Forest butter from Blissford
Melba Toast

Coffee and Smarties

We hadden nooit eerder iemand ontmoet die zo geweldig veel zorg besteedde aan het uitzoeken van de ingrediënten voor een maaltijd en vooral de plaatsen waar deze ingrediënten vandaan moesten komen. Hij wilde bijvoorbeeld een York ham voor ons diner en om te krijgen wat hij het beste vond dat er te krijgen was, reed hij helemaal naar Yorkshire en zocht de ham zelf uit. Hoeveel mensen zouden dat gedaan hebben?

Het was december en voor bepaalde produkten was dit het juiste seizoen. Marwood wilde vis die absoluut vers was. Die kreeg hij van een visser uit Brixham. Hij wilde fazanteborst, maar het moest vrouwtjesfazant zijn en hij zag er persoonlijk op toe dat de fazanten precies lang genoeg hingen. Hij wilde paddestoelen, dus nam hij de paddestoelen die hij eerder dat jaar geplukt en thuis gedroogd had. Hij wist alles van paddestoelen af en wist precies waar hij ze kon vinden en hij had een mand vol verschillende soorten verzameld. Hij bestelde dunne preien die op de dag zelf uit de grond getrokken moesten worden. Hij vond schorseneren. Hij haalde zeesla (een soort zeewier) uit Barnstaple. 'Dit is de beste tijd van het jaar voor zeesla,' zei hij. Zijn rood met groene salade was gemaakt van tuinkers, zuring en ezelsoren.

De kazen waren voortreffelijk. Ze waren stuk voor stuk door hem zelf opgehaald bij kleine kaasmakerijtjes die hij goed kende, gemaakt met ongepasteuriseerde melk en toewijding.

Voor de room, de *clotted cream*, ging hij naar mevrouw Mills van Bidefords beroemde Pannier Market en voor zijn boter naar mevrouw Sevier in New Forest.

Al die informatie moest ik daar die middag uit hem wringen terwijl hij in de keuken bezig was met ons diner. 'Waar is het menu?' vroeg ik.

'Er is geen geschreven menu,' zei hij.

'Hebt u er dan bezwaar tegen als ik er zelf een schrijf en voor elke tafel een kopie maak?' vroeg ik. 'Het zou jammer zijn onze gasten niets te vertellen over alle heerlijkheden die u voor ons klaarmaakt.'

Daar had Marwood geen bezwaar tegen en zonder op te houden waar hij mee bezig was, nam hij de lijst door van alles wat we te eten zouden krijgen. Ik moest voortdurend aandringen om de details te weten te komen. Hij vertelde bijvoorbeeld niet uit zichzelf dat hij helemaal naar Yorkshire was gereden voor de ham. Dit feit, en al die andere details, onthulde hij pas toen ik door bleef vragen. Dus schreef ik alles op. Hierbij staat een van die menu's.

Het is een wonderbaarlijke man. Hij had maar een krappe, kleine keuken om in te werken en hij arriveerde pas 's middags met het eten. Hij had een assistent, maar hij deed bijna alles zelf – en dat voor zeventig mensen!

Het eten zelf was toen het werd opgediend, niet van deze wereld. Ik ga niet alle gerechten beschrijven en vertellen hoe heerlijk alles smaakte. Maar verrukkelijk was het zeker, niet in de laatste plaats de vruchtentaartjes en de sinaasappelflensjes met room die we als dessert kregen bij onze Sauterne.

Roald en Liccy

Liccy en Jennifer

Callie

Theo

Michael en Lucy

Wendy

Neisha

Lorina

Anna

Ophelia

Roald en Charlotte

Zeesla

MARWOOD YEATMAN

Zeesla, het zwarte slawier van Noord-Devon en Somerset, is een eetbaar zeewier dat in satijnen flarden op de rotsen van het kanaal van Bristol groeit van Watchet naar Hartland Point, en verder. In Wales heet het *laverbread*, *sloke* in Noord-Ierland en *algue Celtique* in Frankrijk. Je kunt het oogsten in het mosselseizoen en het is op zijn best na de eerste vorstperioden. Een koele zomer en een kalme zee leveren een goede oogst op. In het westen kan het zeesla plukken dezelfde instincten oproepen als strandjutten, en als het geoogst wordt op moeilijk toegankelijke plaatsen, vereist het dezelfde uitrusting: een touw, een tas en een hulpje om de oogst de klippen op te hijsen.

Verse zeesla moet heel goed gewassen worden in een beekje of onder de koude kraan om het zand af te spoelen. Tot ver in de negentiende eeuw werd het daarna geprepareerd in hutten langs de kust van Devon en Somerset om het in te maken of tot poeder te verwerken, of het werd een nacht lang gedroogd in een broodoven. Tegenwoordig wordt de oogst in ongeveer vier uur tot pulp gekookt in water dat zuur is gemaakt met azijn of kruiden, en daarna gezeefd.

De *sloke* wordt in Noord-Ierland rauw verkocht, te zamen met *dulse*, een ander nauwverwant, eetbaar zeewier, dat wordt gekauwd als kauwgum. In de winkels en marktkramen van Noord-Devon en Zuid-Wales, wordt de zeesla gekookt en los verkocht. Steve the Fish in Barnstaple zet in de winter wel een kwart ton om. Verder landinwaarts kom je het zelden tegen, zelfs niet in blik.

De plukkers van de westkust, die soms al boven de zeventig zijn, hebben hun hele leven zeesla gegeten; ze zweren bij het ijzer dat erin zit en zeggen dat het bloedzuiverend is. De smaak is uniek: schoon, opvallend, en nog lekkerder met een beetje (bitter) sinaasappelsap. Zout en peper hoeft er niet op. Zeesla wordt meestal warm gegeten als saus of als groente. Het is niet goed te combineren met vis of rundvlees, wel met gevogelte, lams- en varkensvlees, het smaakt prima bij bacon, en bij warme ham smaakt niets zo goed als dit. Een paar lepels wier in de soep kan ook leuk zijn. In Noord-Ierland wordt het wier nog steeds met enig ceremonieel opgediend in een *sloke pot*.

Gestoofde rode kool

ANNE

Dit is heerlijk bij varkensvlees of wild.

(8 personen)

1 kilo rode kool
zout en versgemalen zwarte peper
1 pond dun gesneden uien
1 pond moesappels, geschild en uitgeboord, in dikke plakken
2 teentjes knoflook, fijngesneden
3 eetlepels bruine suiker
2 eetlepels karwijzaad
3 eetlepels witte wijnazijn
3-4 eetlepels port of cider
30 gr boter

1. De oven voorverwarmen op 150°C of stand 2
2. Verwijder de harde buitenste bladen van de kool. Snijd hem in vieren. Verwijder de harde steel en snipper hem fijn. (Het schaafmes van de keukenmachine is ideaal daarvoor.)
3. Leg in een vuurvaste schaal van 3,5 liter inhoud met deksel, een laag rode kool, op smaak gebracht met zout en peper. Daarna een laag ui en appel met wat knoflook, suiker en karwijzaad. Maak zo laag op laag tot alles is gebruikt.
4. Giet de wijnazijn en de port/cider erover en leg er klontjes boter op.
5. Doe het deksel op de schaal en laat het heel langzaam in de oven stoven, 3-3½ uur.

Dit gerecht is goed op te warmen en kan dus van tevoren bereid worden.

Gebakken kool met spek

PRISCILLA

(2-3 personen)

1 middelgrote ui, gesnipperd
2 plakken ontbijtspek in kleine stukjes
2 eetlepels olijfolie
1-2 teentjes knoflook uit de knijper
1 pond gesnipperde groene kool
zout en peper

1. Neem een koekepan en bak de ui en het spek 5 minuten in de olijfolie.
2. Knoflook toevoegen en nog 2-3 minuten laten bakken.
3. Roer nu de gesnipperde kool erdoor. (Eerst lijkt het veel maar het slinkt al snel.)
4. Blijven roeren zodat alles gelijkmatig gaar wordt. Na 10 minuten is de kool bijtgaar, *al dente*, het duurt iets langer om hem zacht te maken.
5. Op smaak brengen met zout en peper.

Roomkool

ANNE

Dit is heerlijk met aardappelen uit de oven.

(4 personen)

350 gr gesnipperde witte kool
1,5 dl crème fraîche
25 gr boter
1 theelepel karwijzaadjes
zout en peper

1. Blancheer de kool 5 minuten in veel kokend zout water. Het moet heel knapperig blijven. Afspoelen onder de koude kraan, afgieten en zo droog mogelijk maken.
2. Maak intussen de crème fraîche warm met de karwijzaadjes.
3. Smelt de boter en schud de kool erdoor tot alle snippers beboterd zijn. Giet dan de room erbij.
4. Op smaak brengen met zout en peper en meteen opdienen.

Theo

R.D. Mijn zoon Theo is dol op eten, maar hij is een typisch mannelijke eter: een goede biefstuk staat bovenaan zijn lijstje. Dat is per slot van rekening een verstandige keuze voor iemand met een flinke eetlust. Maar hij is ook vreemd kieskeurig en raakt sommige dingen absoluut niet aan. Ik betwijfel of hij ooit een champignon heeft geproefd, hij zoekt met grote zorg ook de kleinste stukjes champignon uit zijn eten. Ook zal geen korrel rijst zijn lippen passeren. Toch laat hij met smaak een rauwe oester naar binnen glijden. Hij is een gediplomeerd bakker, maar hij houdt niet van bakken, en wat koken betreft is hij een louter eieren-met-spek-en-gegrillde-biefstuk kok. Dus is het merkwaardig dat hij dit heerlijke vegetarische recept heeft uitgekozen. Mensen die van pinda's houden zullen er gek op zijn.

Theo's pindacake

(4-6 personen)

225 gr hele, gepelde, ongezouten pinda's
55 gr plantaardige olie of margarine
2 gesneden uien
4 grote tomaten zonder schil en pitjes, in stukken (of 30 gr in de zon gedroogde kleine tomaten, in stukjes)
2 kleine handappels, geschild en, uitgeboord, in blokjes
1 eetlepel pijnboompitten
30 gr havermout
4 theelepels fijngesneden salie
zeezout, peper
1 ei
beetje melk

1. Oven voorverwarmen op 180°C of stand 4.
2. Een cakevorm (inhoud 1 pond) invetten.
3. Hak, snijd of rasp de pinda's fijn.
4. Verhit het vet in een pan, voeg de uien, de tomaten (als er gedroogde tomaten worden gebruikt mogen ze er nog niet bij) en appels toe en bak ze tot ze zacht zijn.
5. Doe nu de pinda's, pijnboompitten, havermout, gedroogde tomaten, salie, zout en peper erbij.
6. Binden met het ei en genoeg melk om er een enigszins vochtige substantie van te maken.
7. Druk het in de cakevorm en zet deze 45-60 minuten in de oven.

Serveren met sla of andere groene groenten.

Wilde rijst risotto

JOSIE

(4-6 personen)

55 gr boter
1 gesnipperde ui
1 teentje knoflook uit de knijper
1 wortel grof geraspt
1 courgette grof geraspt
50 gr wilde rijst
55 gr champignons in dunne plakjes
200 gr gewassen, langkorrelige bruine rijst
1,5 dl droge witte wijn
4,2 dl groentebouillon
1½ theelepel gemalen korianderkorrels
1 eetlepel citroensap
45 gr walnoten
1 klontje boter
zout en peper

1. Doe de wilde rijst in 3 dl kokend zout water en laat 34-40 minuten sudderen tot de korrels bijtgaar zijn.
2. Smelt de boter in een braadpan, doe de ui en de knoflook erbij en bak 5 minuten.
3. Voeg de wortel, courgette en paddestoelen toe en bak nog 4 minuten.
4. De langkorrelige bruine rijst erbij doen en goed doorroeren.
5. Giet nu de wijn en de bouillon erover en laat sudderen tot het vocht is opgenomen, ca. 30 minuten. Let erop dat het niet te droog wordt, de risotto moet vochtig blijven. Men kan door roeren eventueel een romige substantie krijgen.
6. De gekookte wilde rijst toevoegen.
7. Roer de koriander, citroensap, walnoten, boter, zout en peper erdoor.
8. Druk het in een beboterde vorm en laat het nog een paar minuten staan. Daarna keren en opdienen.

Gebakken venkel met mousselinesaus

(6-8 personen)

1350 gr venkel
30 gr boter
1½ eetlepel versgesneden munt
1½ eetlepel versgesneden peterselie
sap van 1 citroen

VOOR DE SAUS:
5 eierdooiers
170 gr boter
sap van ½ citroen
1 snufje zout
⅛ l slagroom

1. Oven voorverwarmen op 180°C of stand 4.
2. Maak de venkel klaar. Snijd de uitlopers en een dunne plak van de bol af.
3. Verwijder de verkleurde buitenste bladeren en snijd de bol in tweeën waar de bol het breedst is.
4. Leg in een vuurvaste schaal.
5. Smelt de boter en voeg de fijngesneden munt, peterselie en het citroensap toe.
6. Giet het mengsel over de venkel. Bedek met aluminiumfolie en zet minstens 1½ uur in de oven, of tot het zacht is.
7. Maak intussen de saus. Verwarm de kom van de keukenmachine door er kokend water in te doen en het vijf minuten te laten staan.
8. Terwijl de kom warm wordt, in een klein pannetje de boter verhitten tot het schuimt en dan het citroensap toevoegen.
9. De kom van de keukenmachine leeggooien en afdrogen. De 5 eierdooiers erin doen en na 30 seconden kloppen de hete boter met citroensap al kloppend erbij druppelen door het deksel. Meteen stoppen zodra alles erin zit. De warmte van de boter moet genoeg zijn om de eierdooiers te laten stollen en op die manier de saus iets te binden. Mocht dit niet gebeuren, dan de saus in een kom doen die in een pan staat met water dat tegen de kook aan is, en roeren tot de saus dikker wordt.
10. Op smaak brengen met zout en citroensap. Vlak voor het opdienen de room stijfkloppen en voorzichtig door de saus scheppen.

In een juskom serveren bij de venkel.

Ali's Ail (Ali's knoflook)

Heerlijk bij lamsvlees. Verse knoflook is het lekkerst, als het te krijgen is. De tenen zijn groter en sappiger en wanneer ze gebakken zijn zijn ze knapperig van buiten en donzig zacht van binnen.

Als je vlug een stuk vlees braadt, een lamsbraadstuk of lamsbout, heeft de oven net de goede hoge temperatuur, 220°C of stand 7, en kunnen de knoflooktenen rond het vlees worden gestrooid en een paar keer door de sappen worden gewenteld. Het duurt ongeveer een halfuur, net zolang als het vlees nodig heeft. Wanneer het vlees klaar is, schuif het dan naar een kant en zet de oven kort op 240°C of stand 9, een minuut of tien, tot de knoflook mooi donkerbruin is.

Gebakken uiringen en peterselie

VOOR DE UIRINGEN:
uien
gekruide bloem
plantaardige olie
zout

1. Schil de uien en snijd ze in dunne plakken. Maak de ringen los.
2. Bestuif ze met de gekruide bloem. Schud de overtollige bloem eraf. (Wij doen dat in een grote plastic zak.)
3. Frituur de ringen in heet vet tot ze goudbruin en knapperig zijn.
4. Laat ze goed uitlekken en strooi er zout op.

VOOR DE PETERSELIE:

1 grote bos peterselie, gewassen en goed gedroogd (Er is veel peterselie nodig, want het slinkt behoorlijk.)
plantaardige olie

1. Verhit de olie in een koekepan.
2. Leg steeds maar een paar takjes tegelijk in de olie. Pas goed op want de olie gaat flink knetteren en spetteren.
3. Bak de takjes een paar seconden tot ze diepgroen zijn. Eruit halen, uit laten lekken en opdienen.

L.D. Wanneer ik mensen opzoek in de *Who 's Who*, kijk ik allereerst naar hun hobby's. De reden daarvoor spreekt vanzelf, maar toch kijk je er vaak van op. Die hobby's kunnen pretentieus, pompeus, niet-bestaand, ongewoon, leuk zijn, maar ze vertellen je altijd wel iets over de persoon. Een van de hobby's van mijn man is paddestoelen zoeken. Hij is er echt bezeten van. Kaplaarzen aan, mandje mee, wandelstok en Chopper, onze Jack Russell terriër, en daar gaat hij. We hebben een fantastische weide achter onze boomgaard en vroeg in de morgen glanzen die kleine witte juwelen tussen het gras en de koeievlaaien. Hij heeft één probleem: zijn slechte rug en heupen maken hem het bukken moeilijk. Maar voor een paddestoel is geen moeite hem te veel.

Er is maar één manier om versgeplukte paddestoelen klaar te maken. Ze gaan meteen de koekepan in met een beetje boter en direct uit de koekepan op een warm stukje toast met het vocht van de paddestoelen eroverheen gegoten. Een beetje zout erop en onmiddellijk opeten.

Meneer Wells
ANN TWICKEL

Charles Wells was de *batman* van mijn vader (Liccy's grootvader) in de Eerste Wereldoorlog en was bij hem toen mijn vader sneuvelde. De eerste herinnering die ik aan hem heb is die van bediende en later butler op Coughton. Er werd van hem gezegd dat hij half zigeuner was, en te oordelen naar wat ik van zijn moeder heb gezien en wat ik van hem weet, is dit ongetwijfeld waar. Hij kruiste kanaries met goudvinken en het resultaat waren gevlekte vogels die luider en doordringender zongen dan alle andere vogels. Hij joeg met fretten op ratten en konijnen, viste 's nachts met lijnen op paling en schoot roeken (die verwerkt werden tot pasteien waar de jongere familieleden dol op waren), om een paar van zijn activiteiten te noemen. Maar hij was heel streng en wanneer ik me in zijn ogen slecht had gedragen, weigerde hij mij gemberbier in te schenken tijdens de lunch, wat betekende dat iedereen wist dat ik in ongenade was gevallen. Iedereen hield van hem en hij liet een grote leegte achter toen hij stierf.

Spiv en meneer Wells

Komkommersla

De komkommersla van meneer Wells

Deze sla smaakt heerlijk bij koude zalm.

(4-6 personen)

1 komkommer
flink wat zout
1 eetlepel witte wijnazijn
3 eetlepels goede olijfolie
zout en peper

1. De komkommer schillen en heel dun schaven.
2. Leg de schijfjes in één laag in een cirkelpatroon op een groot plat bord.
3. Strooi er royaal zout over en laat minstens 30 minuten staan.
4. Het water afgieten en droogdeppen.
5. Sprenkel wijnazijn en olie over de komkommer. Houd het bord scheef en draai het rond om het vocht over alle schijfjes te laten lopen.
6. Strooi er peper op en een beetje zout en laat nog minstens 10 minuten staan. De komkommer moet doorzichtig en nattig zijn.

De slasaus van meneer Wells

Deze saus moet iedere keer vers worden gemaakt.

1 theelepel poedersuiker
een paar snufjes zout en peper
4 theelepels witte wijnazijn
4 eetlepels olijfolie
2 opgehoopte eetlepels versgesneden munt
2 opgehoopte theelepels versgesneden peterselie

1. Suiker, zout en peper mengen.
2. Twee theelepels wijnazijn toevoegen en roeren.
3. Voeg de olijfolie al roerend langzaam toe.
4. Voeg de overgebleven wijnazijn toe.
5. Tenslotte de munt en de peterselie toevoegen en 30-45 minuten laten marineren.
6. Doe de saus in een slakom.
7. Was en droog de sla, doe de sla in de kom en hussel de saus er door.

De bietensalade van meneer Wells

Meneer Wells maakte dit verbluffend simpele gerecht vaak klaar en zelfs doorgewinterde bietenhaters vielen ervoor.

Als je het geluk hebt om gele bieten te vinden, dan kun je een dramatisch effect verkrijgen door aan een kant van de schaal de gele en aan de andere kant de rode plakken te leggen.

(4-6 personen)

450 gr versgekookte bietjes
2 eetlepels wittewijnazijn
2 eetlepels witte kristalsuiker
1 theelepel grof zout
versgemalen zwarte peper
5 eetlepels olijfolie

Minstens een uur van tevoren met een komkommerschaaf de bieten in papierdunne plakjes schaven. Schik de plakjes in één laag in een cirkelpatroon op een groot plat bord. Eerst met de azijn en dan met de suiker besprenkelen. 45 Minuten op kamertemperatuur laten staan, zodat de biet de smaak kan opnemen. Niet in de ijskast. Een half uur voor het opdienen besprenkelen met olie, zout en peper. Zo nodig nog wat olie toevoegen voor het opdienen.

Gipsy House sla

VOOR DE GIPSY HOUSE VINAIGRETTE:
Pommery mosterd
1 fijngesneden teentje knoflook
1 snufje suiker
wijnazijn, *Aceto Balsamico*
goede koudgeperste Italiaanse olijfolie,
olio extra vergine di oliva

VOOR DE SLA:
een mengsel van zonnebloempitten,
pompoenpitten en pijnboompitten
een doosje tuinkers
gemengde sla

1. Oven voorverwarmen op 190°C of stand 5.
2. Maak de vinaigrette door de ingrediënten op je eigen manier en naar je eigen smaak te combineren. Wij maken er meestal een jampot vol van.
3. Leg de pitten op een bakplaat en doe ze in de oven tot ze goudbruin van kleur zijn. Af en toe keren om te voorkomen dat ze verbranden.
4. Was en droog de tuinkers.
5. De sla wassen en centrifugeren in een slacentrifuge, of droogslaan. Let op dat je de sla niet kneust.
6. Doe de sla in de slakom en strooi de tuinkers en de pitten erover. Voeg de vinaigrette toe en hussel de sla.

Dimity

R.D. De vriendschappen die Liccy jaren en jaren geleden sloot met andere meisjes, schijnen merkwaardig genoeg allemaal de tand des tijds glansrijk te doorstaan en zelfs steeds inniger te worden. Ze heeft een hele kring van zulke oude vriendinnen om zich heen en wanneer ik zeg dat het innige vriendschappen zijn, dan overdrijf ik niet. In deze magische cirkel vindt een voortdurende communicatie plaats en er betaat geen twijfel aan of Liccy bevindt zich in het centrum en staat altijd klaar voor advies en een helpende hand in moeilijke tijden. Wat ik er zo leuk aan vind is dat het allemaal zulke aardige mensen zijn.

Dimity is een van hen. Zij en Liccy kennen elkaar al meer dan dertig jaar en ondanks het feit dat Dimity naar Australië verhuisde toen ze trouwde, bleven ze contact houden. Toen wij in 1989 naar Australië gingen, stond bovenaan Liccy's lijstje 'mijn oude vriendin Dimity opzoeken' en hun hereniging deed de wereld schudden op zijn grondvesten. Dimity woonde met haar man in de *bush* buiten Perth in een heel bijzonder huis dat ze met zijn tweeën eigenhandig hadden gebouwd, nog sterker, ze hadden zelfs alle bakstenen zelf gemaakt in houten kistjes, met een belachelijk mengsel van modder en klei in de stijl van de Franse Provence. Totaal geschift, maar het werkte en het huis stond daar stevig als een rots. Het hele bouwsel was bekleed met klimplanten en bloemen en in het struikgewas eromheen hupten kangoeroes en wallaby's rond. Je ziet wel dat Dimity een beetje getikt is op een aardige manier. Ze kan fantastisch koken.

Dimity's rode en groene paprikasalade

Een goede manier om de paprika te pellen is het vel te schroeien op de houtskool van de barbecue. Het kan ook onder de grill, maar dat duurt wat langer.

(6 personen)

3 rode paprika's
3 groene paprika's
goede olijfolie
zout
een bos basilicum, grof gesneden

1. Leg de hele paprika's op de hete houtskool en

keer ze zodat het vel gelijkmatig wordt geschroeid.

2. Stop ze in dichte plastic zakjes. Laat ze 10-15 minuten staan. Het vel zal verschrompelen en gemakkelijk te verwijderen zijn.
3. Snijd de paprika's doormidden, verwijder het steeltje en de zaadlijsten.
4. Leg de paprika's op een schaal en bedek ze met een laagje olijfolie, bestrooi ze met zout en basilicum en laat zo mogelijk een paar uur marineren.

Tomatensla speciaal

CALLIE

tomaten
wat olijfolie met een aantal daarin
fijngemaakte tenen knoflook
een bosje gehakte basilicum
zout en peper
wat zelfgemaakte mayonaise, wat yoghurt
met een beetje crème fraîche erdoorheen,
genoeg om de tomaten te bedekken

VOOR DE GARNERING:
fijngesneden peterselie
fijngesneden bieslook

1. Snijd de tomaten in dunne plakjes en leg ze in een cirkelpatroon op een plat bord in één laag, zodanig dat de randen elkaar een beetje overlappen.
2. Een beetje olijfolie met knoflook eroverheen lepelen en bestrooien met basilicum, zout en peper.
3. Minstens 30 minuten laten marineren voor het mayonaisemengsel eroverheen gaat.
4. Garneren met fijngesneden peterselie en bieslook.

Eten met grote zwarte olijven, goede salami en warm stokbrood.

Lucy's sla

Heerlijk bij steaks van de barbecue.

(4 personen)
ruim 1 dl plantaardige olie
3 teentjes knoflook
5 boterhammen in blokjes
1 grote krop sla
6 eetlepels versgeraspte Parmezaanse kaas
2 hardgekookte en fijngesneden eieren

VOOR DE SAUS:
4 ansjovisfilets (houd een paar reepjes
achter voor de garnering)
4 eetlepels goede olijfolie
sap van ½ citroen
2 teentjes knoflook
1 theelepel Dijon mosterd
½ theelepel suiker
zout en peper

1. Verhit de olie in een koekepan. Leg de knoflookteentjes in de olie en plet ze met een vork om ze meer smaak te laten afgeven. Verwijder de teentjes en bak het brood tot de blokjes knapperig zijn. Laten uitlekken op keukenpapier.
2. Was en droog de sla en breek de bladeren in hapklare stukjes.
3. Maak de saus door de ansjovis in de knoflookknijper te persen. Pers er daarna twee teentjes knoflook door. Nu de andere ingrediënten toevoegen en goed vermengen met een vork.
4. Hussel de sla met de saus en de kaas. Strooi daarna de fijngesneden eieren en de broodcroûtons erbovenop zodat ze niet zoekraken bij het husselen. Garneren met de reepjes ansjovis.

Jennifer Neelands

L.D. Jennifer is mijn oudste en beste vriendin. Ik ken haar al sinds we elkaar ontmoetten als twee kleine meisjes van zeven jaar op een nonnen-kostschool vlak na de oorlog. In de volgende vijfenveertig jaar zijn we altijd contact blijven houden, tijdens onze woelige jonge jaren en nu tijdens de interessantere jaren van de middelbare leeftijd, en onze vriendschap is nu misschien zelfs nog inniger dan ooit tevoren. Dat is de voornaamste reden dat Jennifer deel moet uitmaken van dit boek. Nog een reden is dat, al ontkent Jennifer heel bescheiden dat ze goed kan koken, zij er in feite heel goed in is en de eenvoudigste maaltijden altijd bereidt met de beste ingrediënten.

Het is dan ook typerend dat zij hier in plaats van een flamboyant recept voor een of ander grandioos gerecht, een weinig opvallend recept voor het aanmaken van sla geeft. Dat is volgens mij een van de moeilijkste dingen om onder de knie te krijgen. Als zij al een fout heeft, is het dat zij alles steeds op het allerlaatste moment doet, maar het is altijd de moeite waard er op te wachten.

Jennifers sla

Toegezonden op de negentiende dag van de negende maand van negentienhonderdnegentig om negentien uur – in feite lange tijd nadat we er om hadden gevraagd.

¼ theelepel zout
1 teentje knoflook
2 eetlepels olijfolie

1. Strooi ¼ theelepel fijn zout in de slakom (liever geen houten kom).
2. Snijd het teentje knoflook doormidden. Haal het schilletje eraf en de groene kern eruit en pureer de teen met een vork in het zout.
3. Voeg 2 eetlepels olijfolie toe en roer goed, waarbij je de resten van de knoflook van de bodem losmaakt. Vis de grote stukken knoflook met een vork eruit.
4. Doe de sla in de kom, maar hussel de sla pas vlak voor het opdienen dooreen.

N.B.

a. Verse knoflook maakt het nog lekkerder.
b. De hoeveelheid zout hangt af van de grootte van het teentje knoflook.
c. Alleen olijfolie gebruiken. Het spreekt vanzelf dat de smaak afhankelijk is van de olie. Ik vind de middelste persing voor de gemiddelde prijs het beste.
d. Zorg ervoor dat de gewassen sla goed droog is.

DESSERTS, WARME PUDDINGEN EN TAARTEN

Bevroren pecannoot en sinaasappel mousse 140
Krokaanijs 141
Rozeblaadjes sorbet 142
Hemel op aarde 144
Gekruide peren in cider 144
Sophie's citroenmousse 146
Broeikaseieren en Olivana's 147
A la Daube 148
Chocoladedessert St. Emilion 157
Chocoladecake Capri 157
Chocolade Bombe 158
Paskha 166
Kulich 166
Irma's monnik in nachthemd 168
O zo zalige zwarte bes! 168
Annes salade van wintervruchten 170
Bramen meringue 171
Sinaasappelflensjes 171
Loopy's warme pudding 172
Kransekake 174
Rose's Cajun Vanillebananen 174
Rood-blauwe vruchtensalade met crème Chantilly 175
Riskrem 176
Gipsy House amandeltaart 176
Ophelia's jam-omelet 178
Zoete aardappelrand 178
Coughtonse warme kerstpudding 180
Warme gemberpudding 180
Wrongeltaart 181
Lori's appeltaart 182
Ophelia's kruimelkorst 183
Caramelappels 183

Desserts

L.D. Er is geen twijfel aan dat als ik koken als beroep zou kiezen, ik een winkel met alleen maar desserts zou openen. Ik ben dol op het maken van toetjes en net zo dol op het eten van toetjes, of ze nu gestoomd, gekookt, gebakken, bevroren of vers zijn.

Toen ik een jaar of zeven was namen mijn ouders mijn zusje Clare en mij mee naar Normandië. Het was vlak na de oorlog, mijn eerste reis naar het buitenland en mijn eerste ervaring met de Franse keuken: het machtige Normandische eten met al die boter en dikke room om heerlijke sauzen van te maken. Voor mijn ouders, die zo lang onder het oorlogsdieet hadden geleden, moet het een paradijs geleken hebben; voor een zeven jaar oude, aan weinig gewende maag was het een grote schok. Ik herinner me maar twee dingen: ten eerste dat ik dronken van Normandische cider onder een grote boerentafel in slaap viel en ten tweede dat ik aan een stuk door misselijk was. Zodra mijn voeten de grond van Dover voelden, zei ik tegen mijn ouders hoe blij ik was weer terug te zijn en weer toetjes en echt eten te kunnen krijgen. Mijn ouders waren de wanhoop nabij.

Ik weet dat Josie net zo over desserts denkt als ik. U hebt in dit boek al heel wat lovende woorden over Josie gehoord. Ik wil daar ook mijn steentje aan bijdragen. Haar buitengewone talent, haar harde werken en haar geduld bij het verzamelen en uitproberen van de recepten, hebben dit boek mogelijk gemaakt. Het was monnikenwerk. We zijn er dit jaar samen aan begonnen, maar door de plotselinge dood van mijn jongste dochter Lorina, gevolgd door de ernstige ziekte van mijn man, dacht ik natuurlijk niet meer aan het kookboek en moest Josie alles helemaal alleen doen. Ze had nog nooit eerder voor de camera gekookt. Men bood ons een beroepskracht aan, maar dat aanbod hebben we afgeslagen. We besloten 'geen belazerij' en aan die regel hebben we ons gehouden. Er mislukten maar twee foto's en over een daarvan hoort u later nog wel. Josie is een perfectionist, een eigenschap die onontbeerlijk is voor een goede kok. Ik bezit die eigenschap niet, dus ook in dat opzicht heb ik veel aan haar te danken. Het eerste recept van dit hoofdstuk, Bevroren pecannoot en sinaasappelmousse, is een van Josies meesterwerken. Wij zijn er allemaal gek op, u ook, hoop ik.

Bevroren pecannoot en sinaasappelmousse

Bevroren pecannoot en sinaasappelmousse

JOSIE

Dit moet enige tijd van tevoren worden gemaakt.

(12 personen)

VOOR DE PRALINE:
115 gr poedersuiker
30 ml water
85 gr geroosterde, grofgehakte pecannoten

VOOR DE MOUSSE:
6 eiwitten
255 gr poedersuiker
2 dl room
3 dl garderoom
45 gr fijngesneden, gesuikerde sinaasappelschilletjes

VOOR DE ROOMSAUS MET SINAASAPPELSMAAK:
5,7 dl melk
1 gespleten vanillestokje
6 eierdooiers
130 gr suiker
de schil en wat partjes van een sinaasappel voor de versiering

VOOR DE GECARAMELLISEERDE SINAASAPPELSCHIL:
2 sinaasappels
55 gr suiker

1. Bedek een bakplaat met aluminiumfolie en kwast licht in met olie.
2. Bekleed een kom van 2,5 liter inhoud met plasticfolie (maak hem eerst vochtig van binnen zodat de folie beter op zijn plaats blijft). Of: maak een kegel van stevig karton en bekleed die met vetvrij papier. Let wel op dat er genoeg plaats is in het vriesvak om hem er in te zetten.
3. Maak de *praline*. De suiker met het water in een pannetje aan de kook brengen. Niet roeren! Laten staan tot het goudbruin wordt.
4. Roer de pecannoten erdoor en giet het mengsel op de bakplaat. Laten afkoelen, daarna in een plastic zak doen en zachtjes verkruimelen met een deegrol.
5. Maak de mousse. Klop de eiwitten en voeg geleidelijk de suiker toe. Plaats de kom boven een pan met zachtkokend water en blijf kloppen tot de suiker is opgelost.
6. Van het vuur afhalen en doorkloppen tot het is afgekoeld. De *meringue* moet goed stijf zijn.
7. Meng de room met de garderoom en klop niet helemaal stijf. Geduld, dit gaat tijd kosten.
8. Spatel de room door het meringuemengsel met de praline en de gesuikerde sinaasappelschil. Giet het in de kom met folie en laat het minstens 8 uur (of een nacht) bevriezen.
9. Doe voor de saus de melk met het vanillestokje in een pan en breng het aan de kook. Intussen de eierdooiers in een kom doen met de suiker en kloppen tot het licht van kleur en schuimig wordt.
10. Giet de melk al kloppend op de dooiers tot het goed gemengd is en doe vervolgens terug in de pan. Het mengsel op laag vuur blijven roeren tot het zo dik is dat het aan een houten lepel blijft hangen. Maak het niet te warm anders schift het.
11. Giet de saus door een zeef. De schil van de sinaasappels raspen en door de saus kloppen tot hij gelijkmatig is verdeeld.
12. Laten afkoelen. Af en toe roeren zodat er geen vel ontstaat.
13. Nu de gecaramelliseerde sinaasappelschil. Schil de sinaasappels met een dunschiller.
14. Snijd de schil in dunne sliertjes.
15. De sliertjes in een pannetje doen, met koud water bedekken, aan de kook brengen, afgieten en met koud water afspoelen.
16. De sliertjes terugdoen in de pan, suiker toevoegen en net genoeg water dat ze onderstaan.
17. Op het vuur zetten, suiker oplossen en laten koken tot bijna al het water is verdampt.
18. In een zeef doen en laten afkoelen. Daarna de mousse ermee versieren.

19. Til de mousse uit de kom aan de plastic folie. Folie eraf halen.

Dien de mousse op in plakken met sinaasappelroomsaus versierd met partjes sinaasappelschil en de gecaramelliseerde sliertjes.

Krokaan

R.D. In Noorwegen weet iedereen wat *krokaan* is. Ze zijn er dol op en eten het in allerlei zoete gerechten, maar vooral eten zij het in hun ijs. Hier hebben we zoiets gek genoeg niet en als het soms wordt gemaakt door een ondernemende kok, dan bestaat er geen Engelse naam voor. (In Nederland wordt het noga genoemd.) Ik vind dat heel vreemd omdat het zo heerlijk is. Zoals u zult zien in het onderstaande recept, is het gewoon een soort knapperige toffee die wordt gemaakt van boter, suiker en amandelen, en nog afgezien van het feit dat de smaak zo verleidelijk is, het maakt een heel bevredigend krakerig geluid wanneer je er op kauwt. Wat voor soort ijs je ook eet, het is altijd een zacht geluidloos eten, maar wanneer je het vermengt met flinters *krokaan*, zoals de Noren zo graag doen, wordt het plotseling iets dat knispert in je mond bij het kauwen, in plaats van in stilte je keel in te glijden. Bovendien is de verrukkelijke gebrande suikersmaak die het aan het ijs toevoegt, onweerstaanbaar. U moet het echt maken, en wat mij betreft, hoe meer *krokaan* u in het ijs doet hoe beter.

Krokaan ijs

(10 personen)

VOOR DE KROKAAN (NOGA):
25 gr boter
70 gr ontvelde zoete amandelen, grof gesneden
8 gr bittere ontvelde amandelen, fijngesneden (gebruik zoete wanneer bittere niet te krijgen zijn)
140 gr suiker

VOOR DE CRÈME ANGLAISE:
1 l melk
1 gespleten vanillestokje
10 eierdooiers
255 gr poedersuiker
1,2 dl room

1. Maak eerst de krokaan. Vet een stuk aluminiumfolie in op een bakplaat.
2. Meng de amandelen, de boter en de suiker in een koekepan met dikke bodem.
3. Zet de pan op een matig vuur. Steeds roeren en oppassen dat het niet verbrandt.
4. Zodra het een goudbruine kleur heeft gekregen, uitgieten over de folie.
5. Goed af laten koelen.
6. De krokaan in een plastic zak doen en zachtjes verkruimelen met een deegrol.
7. Nu de crème anglaise. Breng de melk aan de kook met het vanillestokje.
8. Intussen de eierdooiers in een kom doen met de suiker en kloppen tot alles licht en schuimig is.
9. Voeg al kloppend de melk toe tot het goed vermengd is.
10. Giet het mengsel terug in de pan en klop het op een laag vuur tot het zo dik is dat het aan een houten lepel blijft hangen. Pas op: bij een te hoge temperatuur gaat het schiften.
11. Door een fijne zeef gieten en laten afkoelen. Af en toe roeren zodat er geen vel opkomt.
12. Zodra de crème is afgekoeld de room toevoegen en het mengsel in de ijsmachine gieten. Laten draaien tot het bijna bevroren is, dan de krokaan toevoegen en nog een paar minuten laten draaien. Eventueel in ijslaatjes doen en in het vriesvak zetten, maar dan wel ieder half uur roeren.

Meteen opdienen of in vriesvak bewaren.

Rozeblaadjes sorbet

ANNA CORRIE

Dit recept is eigenlijk niet van mij, al heb ik het een beetje aangepast. Ik ben het in geen enkel kookboek tegengekomen. Ik heb het gekregen van een vriendin, Pat Shears, die mij toestemming heeft gegeven het te gebruiken. Ik ben er haar heel dankbaar voor. Ik heb het al talloze keren gemaakt.

Toen ik dit recept voor het eerst maakte liep ik door mijn tuin en rook en proefde de rozeblaadjes. Je gaat af op de kleur, de smaak en de geur. Over het algemeen smaken de rozen die het lekkerst ruiken ook het beste - soms zijn ze bleekroze of geel van kleur. Ik heb gemerkt dat je alle kleuren roos kunt gebruiken, als maar minstens de helft roze of rood is. Voor de smaak vind ik New Dawn goed (die bloeit ook weelderig) en al mijn ouderwetse rozen zijn heerlijk; voor de kleur gebruik ik Rose Rugosa (al even weelderig). Je hebt alleen de bloemblaadjes nodig; ze moeten in goede conditie zijn en afkomstig zijn van een roos in volle bloei op het moment dat hij het sterkst geurt.

Ik houd van een beetje magie bij het koken en dit is een magisch recept. Niemand kan ooit raden waar de smaak van de sorbet vandaan komt, als het ze niet wordt verteld, omdat het idee van rozeblaadjes door het eten niet direct bij je op zal komen. Maar het smaakt zoals rozen geuren, en het heeft een verbazingwekkende en volmaakt natuurlijke kleur.

(4-6 personen)

5,7 dl water
225 gr suiker
schil en sap van 1 citroen
4 à 5 handen geurige rozeblaadjes
2 theelepels glycerine

Los de suiker op in het water en kook het een paar minuten flink door tot het stroperig wordt. Pan van het vuur halen, citroenschil en rozeblaadjes toevoegen en onder duwen met een aardappel-

Rozeblaadjes sorbet

stamper. Nu worden de blaadjes spookachtig groen-wit of verschoten blauw-roze, afhankelijk van hun oorspronkelijke kleur. De suikerstroop krijgt de kleur van slappe thee. Een nacht op een koele plaats laten staan. Giet de volgende dag het mengsel door een vergiet waarin een schone theedoek is gelegd. Wat overblijft is een onaantrekkelijke drab die doet denken aan wijndroesem. Nu gaan we toveren. Eerst de glycerine en dan het citroensap toevoegen. Roeren. Plotseling wordt het mengsel glanzend paars-bruin-roze. Nu is het klaar om bevroren te worden. Regelmatig roeren om kristalvorming tegen te gaan. Opdienen met zelfgemaakte kattetongen of opgerolde wafeltjes.

Hemel op aarde

PIP

(8 personen)

6 grote stevige moesappelen
sap van ½ citroen
55 gr suiker
4 rijpe peren
2 theelepels gemengde kruiden
(vijf-kruidenpoeder)
schil en sap van 1 citroen
1 Madeiracake of een dergelijke cake
boter
6 eiwitten
340 gr poedersuiker

1. Oven voorverwarmen op 190°C of stand 5.
2. Schil, boor en snijd de appels in vieren. Schik ze in een vuurvaste schaal en giet een halve centimeter water op de bodem. Citroensap toevoegen en suiker eroverheen strooien. Bedek de appels met ingevet vetvrij papier. Bak de appels ongeveer 35 minuten in de oven tot ze zacht beginnen te worden, maar vóór ze uit elkaar vallen.
3. Haal de appels uit het vocht en doe ze over in een andere vuurvaste schaal.
4. Schil de peren en snijd ze in vieren. Zet ze bij de appels in de schaal. Doe de citroenschil, het citroensap en de gemengde kruiden erbij. Voorzichtig wentelen.
5. Snijd de cake in plakken en besmeer die royaal met boter. Snijd er blokjes van en bedek het fruit ermee, de beboterde kant naar boven. Even bruin laten worden onder de grill.
6. Zet de oven op 140°C of stand 1.
7. Klop de eiwitten tot ze stijf beginnen te worden. Al kloppende de suiker toevoegen, één eetlepel suiker per keer, tot de helft van de suiker is verbruikt. Nu voorzichtig de rest van de suiker erdoor scheppen met een metalen lepel en bovenop de vruchten en de cake uitspreiden. Met een vork er pieken in maken.

8. Bak de schotel 25 minuten in de oven of tot het schuim stevig is geworden.

Warm of koud serveren met dunne room.

Gekruide peren in cider

DELIA SMITH

6 grote, stevige peren
6 dl droge cider
1 gespleten vanillestokje
2 hele kaneelstokjes
2 afgestreken theelepels sago (of maizena)
wat geroosterde amandelsnippers
4 dl geklopte slagroom

1. Oven voorverwarmen op 130°C of stand ½.
2. Schil de peren netjes (laat de steeltjes eraan) en zet ze in een hoge vuurvaste schotel met deksel.
3. Breng de cider met de suiker, het vanillestokje en de kaneelstokjes aan de kook.
4. Giet dit over de peren. Doe het deksel op de schotel en laat het heel langzaam 3 uur lang in de oven staan. Halverwege de kooktijd de peren keren.
5. Zodra de peren gaar zijn ze rechtop in een schaal zetten en af laten koelen.
6. Giet het vocht in een pannetje en haal de kaneelstokjes en het vanillestokje eruit.
7. Leng de sago aan met een beetje koud water en doe dit bij het vocht.
8. Aan de kook brengen en roeren tot het mengsel stroperig is geworden.
9. Giet het over de peren, laat het even afkoelen en wentel de peren er nog een keer door.
10. Laat het goed koud worden in de ijskast en dien het op bestrooid met de amandelsnippers en de slagroom.

Sophie

R.D. Sophie is mijn oudste kleinkind. Ze is ook de oudste dochter van Tessa, die op haar beurt weer mijn eigen oudste dochter is. De dappere kleine heldin in mijn boek *de GVR* heb ik Sophie genoemd naar de echte Sophie, en dat is de enige keer dat ik een familienaam heb gebruikt in een van mijn twintig kinderboeken.

Sophie's citroen mousse

(4-6 personen)

1½ theelepel gelatinepoeder
sap van 3 citroenen
3 grote eieren, gesplitst
140 gr basterdsuiker
1 geraspte citroenschil
snufje zout
285 ml room

VOOR DE VERSIERING:
chocoladeblaadjes of verse muntblaadjes

1. De gelatine au bain-marie (in een kom in kokend water) oplossen in het citroensap.
2. De eierdooiers licht en stijf kloppen met de helft van de suiker.
3. Schep voorzichtig het gelatinemengsel met de citroenschil door de dooiers.
4. Klop de eiwitten stijf met het snufje zout.
5. Zonder de klopper af te spoelen er de room lobbig mee kloppen.
6. Spatel voorzichtig een eetlepel eiwit door het bijna stijfgeworden gelatinemengsel.
7. Schep daarna de room en de rest van het eiwit er voorzichtig doorheen.
8. Schep het in eenpersoons soufflépotjes of in een schaal.
9. Laat het een aantal uren koelen.
10. Versieren met chocoladeblaadjes of takjes munt.

Broeikas eieren en Olivana's

R.D. Ik heb geen hoge pet op van mannen die meestal met een soort chauvinistische zelfingenomenheid verklaren dat ze niet eens een ei kunnen koken. Het impliceert dat de plaats van de vrouw de keuken is en dat het haar taak is de meester te bedienen. Ik wil niet beweren dat alle mannen uitstekende koks moeten zijn, maar ik vind wel degelijk dat ze redelijk competent dienen te zijn. Ze zouden in ieder geval een behoorlijk maal op tafel moeten kunnen zetten wanneer hun vrouw moe of ziek is, of wanneer ze in het ziekenhuis ligt om een baby te krijgen. En ook wanneer er niet zoiets aan de hand is, kan het aardig zijn haar zo nu en dan eens een dienst te bewijzen. Niets klinkt een vrouw zozeer als muziek in de oren als een competente echtgenoot die zegt: 'Blijf jij maar lekker zitten, schat. Vandaag kook ik.'

Wanneer de man voor de kinderen kookt is het 't beste en 't gemakkelijkste hen de dingen voor te zetten waar ze van houden, of nog beter een kleine variatie te maken in iets waar ze van houden, een kleine verrassing. Zelfs de simpelste verrassing zal ze plezier doen wanneer ze heel klein zijn. Ik wist bijvoorbeeld dat mijn kinderen dol waren op gebakken eieren en gebakken brood. Wie niet? Dus op een avond heb ik bij wijze van variatie eerst een gat ter grootte van een eierdooier in het midden van een boterham gesneden. Daarna heb ik de boterham aan twee kanten gebakken en ook het uitgesneden rondje. Vlak voor het brood klaar was heb ik het ei gebroken en in het gat laten vallen. Het eiwit spreidde zich uit over het brood waardoor de dooier in het gat vast kwam te zitten. Ik keerde alles om en liet de andere kant een paar seconden bakken, en daarna legde ik het op een bord. Het gebakken ronde stukje brood gaf ik er apart bij en zei tegen de kleine klantjes dat zij het rondje zelf maar onder het ei moesten doen of het boven op de dooier leggen, wat ze maar wilden. Niets is simpeler of maffer dan dit recept, maar om de een of andere geheimzinnige reden zijn kinderen er gek op. Wij noemden het altijd broeikas eieren, maar vraag me niet waarom.

Een ander boeiend gerecht voor kinderen was wat mijn moeder ons jaren geleden voorzette en wat ik zelf daarna nog talloze malen heb gemaakt. Je prakt een banaan op een bord en daar prak je een paar druppels goede olijfolie doorheen. Dat smaakt gewoonweg verrukkelijk. De olijfolie schijnt de smaak van de banaan nog te versterken en maakt er een prachtig gladde, zachte, stroperige pasta van. Het toppunt van luxe is er nog dikke room op te doen. Dit noemden wij Olivana's.

Iets dat midden in een gelatinepudding drijft wordt ook altijd zeer gewaardeerd, misschien omdat het lijkt te zwemmen. Voor in de gelatine heb ik allerlei soorten kleine snoepjes en vruchtenhagel gebruikt.

Ik heb ze een keer laten krijsen van verrukking door een handje van die piepkleine dingetjes, het soort dunne muisjes of hagelslag dat ze *Hundreds and Thousands* noemen, erdoor te doen net voor de gelatine stijf werd. Hierdoor werd het een beetje knapperig van structuur.

We maakten ook wel eens een heerlijke saus voor vanille-ijs met gesmolten Marsen, maar ik verwacht dat jullie daar alles wel vanaf zullen weten.

Dat doet me denken aan het Kit Kat roomdessert. Hiermee zul je het hart van ieder kind ter wereld veroveren. Leg een laag Kit Kats op de bodem van een schaal. Daarop een laag slagroom. Dan weer een laag Kit Kats. Daarop weer een laag slagroom, en ga zo maar net zolang door als je wilt. Zet het in de diepvries en dien het op in plakken wanneer het bevroren is. Mmmmmm!

Dan is er ook nog pindakaas op geroosterd brood met daarop knapperig gebakken bacon en flink wat mosterd en waterkers daar bovenop. Vraag me niet waarom kinderen van deze vreemde dingen houden. Het is een feit dat ze dat doen en daarmee uit.

Hak een paar Crunchie repen fijn en meng ze door een kommetje stijfgeklopte slagroom. Een uurtje invriezen. Ook mmmmmm!

En nu zal ik de smerige smaak uit onze monden verwijderen door te eindigen met een eenvoudig hapje waar alle kinderen gek op zijn. Het is gewoon ei met boter dat in een klein ovenbakje wordt gebakken bovenop iets vlezigs, pâté of ham of zo. Heerlijk vinden ze dat.

Dit heeft allemaal niets met de fijne keuken te maken, al denk ik wel dat jullie de Olivana's de moeite van het proeven waard zullen vinden, als jullie die nog niet kennen.

A la Daube

ELSE

Toen we een keer in een strandhotel aan de Oslo Fjord logeerden, kwam een beroemde Noorse kokkin een demonstratie geven. We werden allemaal uitgenodigd te komen proeven wat ze gemaakt had, namelijk fruit in gelei. Er stond een grote tafel in de tuin onder de appelbomen vol kleurige en decoratieve gelatinepuddingen die werden opgediend met slagroom, en we schransden als varkens.

De kokkin zag er heel grappig uit: klein, bazig en rond als een plumpudding, met zwarte kraaloogjes. Ze droeg altijd een witte overall en een hoge witte koksmuts. Na de demonstratie zag ze toevallig dat wij een kano hadden en ze stond erop daarin gefotografeerd te worden. Wij hielden de kano vast terwijl zij instapte. Ze stond met de peddel in de lucht breed naar de camera te lachen toen de kano kapseisde. Ze kwam sputterend en nijdig boven, bibberend als een van haar eigen puddingen, met haar koksmuts naast zich in het water dobberend, terwijl wij stonden te giechelen op de achtergrond.

Zoek een interessante puddingvorm waar op zijn minst 1,7 liter in kan. Kies drie pakjes jelly pudding in contrasterende kleuren uit. Neem bij voorkeur pudding die met natuurlijke pigmenten of vruchtesappen gekleurd is. Kies de vruchten. Vruchten uit blik zijn gemakkelijker te verwerken dan verse, omdat de verschillen in zuur- en pectinegehalte het stevig worden van de gelatine niet meer zullen beïnvloeden. Bepaal welke kleur je onder in de vorm wilt hebben. Omgekeerd zal het de bovenste kleur zijn. En bepaal de volgorde van de andere kleuren. Volg de instructies op het pakje maar gebruik minder vocht want er is een stevige gelatine nodig.

1. Maak de eerste laag. Giet een kleine hoeveelheid in de vorm en als de gelatine op het punt staat stevig te worden, versier het dan met wat goed uitgelekte vruchten.
2. Laat de gelatine helemaal stijf worden voor je de rest van de gelatine over de vruchten giet. Zorg dat de vruchten op hun plaats blijven.
3. Laat de gelatine helemaal stijf worden voor je met de volgende kleur begint.
4. Doe hetzelfde met de andere lagen tot de vorm gevuld is.
5. Het is heel belangrijk de gelatine stijf te laten worden voor je met de volgende kleuren begint, om het oppervlak van de vorige kleur niet te beschadigen en vermenging te voorkomen.

Voor het opdienen de vorm een paar seconden in heet water dompelen, een schaal erop leggen en keren. Zacht schudden zodat de gelatine loslaat en de vorm er voorzichtig afhalen. Serveren met lobbig geklopte room.

Chocolade

R.D. Mijn grote voorliefde voor chocolade begon eigenlijk pas toen ik veertien of vijftien jaar oud was, en daar was een goede reden voor. Tegenwoordig begint het chocola-smikkelen al wanneer een kind een jaar of vijf is en het gaat door en wordt steeds erger tot de snoeper een jaar of elf is. Daarna neemt met de puberteit en nadering van de volwassenheid de consumptie sterk af.

Toen ik jong was lag dat anders. De reden dat ik noch iemand anders van mijn generatie vroeg ten prooi viel aan chocoladeverslaving komt alleen maar omdat er in die dagen te weinig echt lekkere chocoladerepen te krijgen waren in de snoepwinkels om ons in verleiding te brengen. Daarom heetten ze ook snoepwinkels en niet chocoladewinkels. Als ik tien jaar later was geboren dan zou alles anders zijn geweest, maar jammer voor mij werd ik geboren in de jaren twintig en waren de gouden jaren van de chocolade-revolutie nog niet aangebroken.

Toen ik klein was had een kind niet zoveel keus op chocoladegebied als tegenwoordig. Er waren de *Bournville*-reep en de melkchocoladereep van Cadbury. Er waren ook nog de melkchocolade *flake*-reep (de enige grote uitvinding tot dusverre) en de slagroom met walnoten-reep; en er waren ook chocoladerepen met *Marshmallow*-vulling in vier smaken: vanille, koffie, rozen en citroen. Dat aanbod was maar magertjes als je het vergelijkt met de talloze verschillende verrukkelijke chocoladerepen die je vandaag de dag uitgestald ziet.

Het gevolg was dat wij kleine jongetjes en meisjes in die tijd veel eerder geneigd waren ons geld uit te geven aan zuurtjes en toffees of aan een van de vele andere goedkope en nogal walgelijke dingen die overal in de winkel lagen in open kartonnen dozen. Je had sorbetlollies, wijnballen, dropveters, anijsballen en nog veel meer, en het kon ons niet schelen dat de drop was gemaakt van rattebloed en de sorbet van zaagsel. Ze waren goedkoop en smaakten lekker. Dus namen we over het algemeen genoegen met snoep en rommel in plaats van chocolade.

Toen kwam de revolutie en werd de wereld van de chocolade plotseling op zijn kop gezet in de loop van zeven glorieuze jaren, tussen 1930 en 1937. Dit is een kort overzicht van wat er toen gebeurde.

Chocolade werd het eerst gebruikt door de Spanjaarden, de Italianen en de Fransen in het begin van de zeventiende eeuw, maar alleen als drank. Zo'n honderd jaar later, in 1876, ver-
1876 mengde een Zwitser, Peters genaamd, chocoladepoeder met suiker en gecondenseerde melk en maakte een massieve chocoladereep. Op die manier is dus de chocolade zoals wij die kennen, uitgevonden.

CHARLIE AND
THE CHOCOLATE FACTORY
ROALD DAHL
Illustrated by Joseph Schindelman
Alfred A. Knopf : New York
For
Theo

1905 Nu begon Cadbury's zich ermee te bemoeien en begon chocoladerepen te produceren, te beginnen met de melkchocolade-
1910 reep. Die kwam eerst. De pure reep, de *Bournville*-reep, kwam vijf jaar later.

1920 Daarna kwam de eerste speciale reep, de *Dairy Milk Flake*. Dit was een mijlpaal, het was de eerste keer dat een fabrikant serieus met chocolade begon te experimenteren in zijn Uitvindkamers.

1921 Het jaar daarop verscheen de Cadbury's *Fruit and Nut bar* op de markt.

Daarop volgde een pauze van negen jaar tot in 1930 de revolutie begon. Van 1930 tot 1937 zijn vrijwel alle bekende chocoladerepen die we nu kennen, uitgevonden en staan nu, zestig jaar later, nog steeds hoog op de hitparade. Dat ging zo:

1930 Frys vond de *Crunchie* uit.

1932 Plotseling verscheen een nieuwe fabrikant – Mars. Dit is wat er gebeurd was: In Chicago was een man die echt meneer Mars heette. Hij had een klein fabriekje waar al een paar jaar Milky Ways werden gemaakt. In feite had hij dat zelf uitgevonden en dat liep heel goed. Toen zijn zoon, die Forrest heette, Forrest Mars, afstudeerde aan de Yale Universiteit als bedrijfsingenieur, zei zijn vader tegen hem: 'Jongen, er is geen plaats voor twee in dat kleine zaakje van mij.' Hij gaf hem 5000 dollar en het recept voor Milky Way. 'Ga naar het buitenland,' zei hij, 'en zet zelf een bedrijf op.'

Dus ging de jonge Forrest naar Engeland, naar het stadje Slough, en begon in een klein laboratorium te experimenteren om de Milky Way te verbeteren. Hij wilde iets maken dat hij een *Chew-Bar* noemde, iets wat nog nooit eerder was gedaan. Hij legde een reep zachte caramel bovenop de Milky Way en deed er chocolade omheen. Maar het is niet zo eenvoudig om chocolade aan caramel te laten vastkleven, zoals Cadbury's ontdekte toen zij een poosje later de *Curly Whirly* maakten. Hun chocolade bleef maar van de caramel afschilferen. Ouders klaagden dat het vloerkleed vol schilfers kwam en de Curly Whirly's werden uit de handel genomen. Maar Forrest Mars had al het geheim gevonden, en zo werd de Mars geboren. Hij veroverde de hele wereld, de allereerste *Chew-Bar*. En het duurde niet lang of er werden alleen al in Engeland per jaar 600 miljoen Marsen gegeten. Dat is tien per iedere persoon in Engeland. Dus als jij je tien Marsen vorig jaar niet hebt

opgegeten, dan heeft iemand anders dat voor je gedaan.

1933 *Black Magic* verscheen in dozen, en om de een of andere reden is het nog steeds een bestseller.

1934 *Tiffin* en *Caramello* verschenen in de winkels.

1935 De heerlijke *Aero* werd geïntroduceerd.

1936 Vergeet Forrest Mars niet.

Ondanks het fenomenale succes van zijn Marsen, bleef dit genie aan het experimenteren in zijn laboratorium in Slough. Wat hij had gedaan was een balletje deeg van melk met moutextract ter grootte van een erwt nemen en dit laten exploderen in een vacuum. Daarna doopte hij het resultaat in de melkchocolade en hopla! een nieuwe klassieke lekkernij was geboren! Eerst gaf meneer Mars het de charmante naam 'Energieballen', maar daar moesten de mensen om lachen dus veranderde hij het in *Maltesers*.

(NB: Op het moment dat ik dit schrijf leeft Forrest Mars nog steeds, al weigert hij zijn leeftijd te openbaren. Het bedrijf van hem en zijn familie is buitengewoon. Al is het nu enorm groot, het is een familiebedrijf gebleven, zodat meneer Mars geen verantwoording hoeft af te leggen tegenover aandeelhouders. Hij kan dan ook doen waar hij zin in heeft, en hij heeft zin om de mensen die bij hem werken te behandelen alsof ze één grote familie vormen. Iedereen deelt mee in de winst. Zijn mensen kunnen zelfs elke maand loonsverhoging krijgen wanneer de verkoopcijfers over die periode zijn gestegen. Ik heb het bedrijf bezocht en kan getuigen dat het daar inderdaad één grote familie is. Dus petje af voor meneer Mars.)

In hetzelfde jaar als de Maltesers verscheen ook Quality Street op de markt.

1937 Dit was weer zo'n gouden jaar waarin belangrijke klassieke lekkernijen werden uitgevonden: Kit Kats, Rolo's en Smarties. 300.000 Smarties worden elke minuut gegeten. 10.000 Miljoen worden ieder jaar alleen al in Engeland opgesmikkeld. Dit cijfer is inclusief de acht Smarties per dag (vier na de lunch en vier na het avondeten) die onze hond Chopper verorbert.

Dat is het dan. In de zeven jaar van dit glorieuze en gouden decennium, werden alle grote klassieke chocolade lekkernijen uitgevonden: de Crunchie, de Nuts, de Mars, het Black Magic assortiment, Tiffin, Caramello, Aero, Malteser, de chocolaatjes van Quality Street, Kit Kat, Rolo en Smarties.

Het equivalent in de muziek zou de gouden eeuw zijn waarin de composities van Bach, Mozart en Beethoven tot ons kwamen.

In de schilderkunst was het het equivalent van de renaissance in de Italiaanse kunst en de komst van de impressionisten tegen het einde van de negentiende eeuw.

In de literatuur waren het Tolstoi en Balzac en Dickens.

Ik kan jullie verzekeren dat er in de geschiedenis van de chocolade nooit eerder zo'n periode is geweest en die zal er ook nooit komen. Sindsdien hebben de grote chocolade-industrieën hun uitvinders achter de broek gezeten om weer zoiets te verzinnen als de Kit Kat of de Mars, maar daar zijn ze niet in geslaagd. We hebben net zoveel kans een nieuwe Crunchie of Aero te zien als een nieuwe Mozart of Beethoven. Dus moeten we genieten van wat we hebben en daar dankbaar voor zijn.

De jaartallen zouden op school aan alle kinderen geleerd moeten worden. Laat 1066 Willem de Veroveraar maar zitten, zulke feiten zullen geen invloed op hun leven hebben. Maar 1932 de Mars en 1936 de Maltesers en in 1937 de Kit Kat, dat zijn de jaartallen van mijlpalen in de geschiedenis die ieder kind in het land zou moeten kunnen opdreunen. Als ik het hoofd van een school was zou ik de geschiedenisleraar ontslaan en in plaats daarvan een chocoladeleraar aanstellen zodat mijn leerlingen een onderwerp konden bestuderen dat hun allemaal aangaat.

De kinderen zouden van hun chocoladeleraar leren dat de laatste veertig jaar verwoede pogingen zijn gedaan in de uitvindkamers van de grote chocoladefabrieken om bestsellers te ontwerpen die net zo goed zijn als de klassiekers uit de jaren dertig.

In York ontwikkelde Rowntree Mackintosh de *Mint Cracknell*. Ze dachten dat ze daarmee een hit hadden. Maar dat was niet zo. Het grote snoepende publiek, jullie dus, wilde er niets van weten.

Daarna begreep Cadbury's, na geweldig veel marktonderzoek, dat het publiek niet houdt van scherpe pepermunt- of suikersmaken, maar juist van zachte smaakjes, hoe zachter en smakelozer hoe liever. Die conclusie trokken ze uit de bestudering van het succes van *Heinz Baked Beans*, die nergens naar smaken, maar waar miljoenen blikken van worden verkocht. Dus bedachten ze iets zachts en bijna smakeloos', dat uit twee lagen bestond, een zachte nougatinelaag en een al even smakeloze laag met granen. Ze noemden het de *Double Decker* en die liep goed. In het eerste jaar, 1978, werden meer dan 160 miljoen Double Deckers verkocht.

Maar dat was niets vergeleken met de verkoopcijfers van het smakelooste en smerigste van alles: het paasei met fondant-crèmevulling. Ieder jaar verkoopt Cadbury's tussen Kerstmis en Pasen 200 miljoen van deze walgelijke gruwelen, verreweg de smerigste dingen die je kunt kopen. Ik eet ze niet. Niemand die ik ken eet ze. Maar iemand moet ze eten, met bakken tegelijk, dat staat als een paal boven water.

De meest luxueuze chocolade en bonbons ter wereld worden gemaakt door Fortnum and Mason op Piccadilly.

Op hun vierde verdieping komen de heerlijkste geuren je tegemoet. Alles daar wordt met de hand gemaakt. Fondantvullingen worden met de hand in holletjes in bakken vol slap stijfsel gedrukt om zo 24 uur te kunnen opstijven. (De grote fabrikanten gebruiken rubber vormen waarin de fondant in een paar minuten stevig wordt.) Pepermuntvullingen worden gemaakt met een paar kostbare druppels uit genummerde flessen Mitchum Mint, de fijnste pepermuntolie van de hele wereld, dubbelgedistilleerd en vier jaar lang gerijpt. Ieder jaar importeren ze vaten Chun-chun stemgember uit China, en meer dan 200 kilo morellen liggen een heel jaar in eiken vaten met brandy voor ze gebruikt worden. De bonbons worden allemaal met de hand in de chocolade gedoopt. De knappe uitvinding van de grote fabrikanten is taboe. Dat is een machine die de *Keuter Enrober* heet en bonbons met enorme snelheid in de chocolade kan dopen, maar niet zo mooi als Fortnum het met de hand doet.

De dure Bendicks bonbons en de dure Harrods bonbons en de wat minder dure Marks & Spencer bonbons komen allemaal uit dezelfde fabriek, op een industrieterrein tussen de M3 en Winchester. Daarnaast is een slachthuis waar je altijd een eenzame ram voor kunt zien staan, die de schapen voor de slacht uitnodigt. Harrods zal het me niet in dank afnemen dat ik dit allemaal vertel.

Maar jullie chocoladeleraar zou het jullie vertellen en nog veel meer, en als ik niet te oud was zou ik mezelf aanmelden voor die baan.

Grappig genoeg ben ik niet zo dol op voedsel met een chocoladesmaak zoals chocoladecake en chocoladeijs. Ik heb chocolade liever in pure vorm of in de vorm van heerlijkheden zoals Kit Kat, Aero en Crunchie. Ik ben ook dol op truffels als ze heel licht en droog van binnen zijn. Maar de meeste mensen houden wel van chocoladecake en chocoladepudding en andere chocoladetoetjes. En daarom staat er ook een chocoladepudding, of liever een chocoladedessert in dit boek Ik heb dit al vele malen gegeten en ik moet toegeven dat het heel bijzonder is. Het is zo geconcentreerd en rijk van smaak dat je het gevoel hebt bij iedere lepel vijftig grote repen pure chocolade binnen te krijgen. Dus eet er niet te veel van, vooral niet als je er slagroom bij eet. Kinderen zijn er wild op.

Chocoladedessert St. Emilion

Chocoladedessert St. Emilion

Neem de beste kwaliteit chocolade die u kunt vinden.

(8 personen)

½ pond verkruimelde *amaretti* (Italiaanse bitterkoekjes)
70 ml cointreau
450 gr pure chocolade
115 gr boter
2 eierdooiers
5-6 dl room
poedersuiker voor de versiering

1. Week de amaretti-kruimels in de cointreau.
2. Smelt de chocolade au bain-marie.
3. Klop van het vuur af geleidelijk de eierdooiers erdoor. Laat het mengsel afkoelen.
4. Klop de room half stijf.
5. Schep de room voorzichtig door het chocolademengsel.
6. In een licht ingevet rond bakblik, 7 cm diep en 20 cm diameter, om en om lagen maken van het chocolademengsel en de amaretti.
7. Laat dit een paar uur koelen tot het stevig is.
8. Leg voor de decoratie een papieren kanten taartrand of een sjabloon op de koek en stuif er poedersuiker over met een fijne zeef. (Wat je ook gebruikt, je moet het er makkelijk af kunnen halen zonder het patroon te beschadigen.)

Chocoladecake Capri

L.D. Toen mijn drie dochters in de puberteit kwamen en het leven wat geciviliseerder werd, was dit hun lievelingscake, die ze per se op hun verjaardag wilden eten. Ik heb het recept gekregen van een enorme Italiaanse mama bij de keukendeur van een hotel op Capri. Zij sprak geen Engels en ik geen Italiaans, maar op de een of andere manier heb ik het toch onder de knie gekregen en hij lijkt altijd te lukken. Maak de cake een dag van tevoren, maar doe de room en de geraspte chocolade er pas op het laatste moment overheen.

(10 personen)

250 gr suiker
250 gr boter
5 gesplitste eieren
250 gr amandelen, gemalen in de keukenmachine
115 gr bittere chocolade, geraspt

VOOR DE GARNERING:
3 dl room en geraspte bittere chocolade

1. Oven voorverwarmen op 180°C of stand 4.
2. Bekleed een ondiep rond bakblik, 25 cm diameter, met ingevet vetvrij papier.
3. Boter en suiker roeren tot het mengsel licht en schuimig is.
4. Eierdooiers een voor een toevoegen. Voorzichtig de gemalen amandelen en de bittere chocolade erdoor scheppen.
5. Klop in een andere kom de eiwitten stijf en meng ze met een metalen vork door het chocolademengsel.
6. Doe het in de beklede vorm en bak 45-60 minuten tot de cake gerezen is.
7. Steek een breinaald in het midden; hij moet er een beetje kleverig uitkomen.
8. Omkeren en af laten koelen.
9. Lobbig geklopte room erover en geraspte bittere chocolade.

Chocolade Bombe

LOU

Dit is een verrukkelijke en indrukwekkende pudding die heel eenvoudig te maken is. Hij kan dagen of zelfs weken van tevoren worden gemaakt en in de diepvries worden bewaard. Kinderen houden er veel van, maar kijk uit, want het is machtiger dan je denkt!

Gebruik een komvormige schaal van 1,7 l inhoud. Met porselein of vuurvast glas kan in de diepvries, mits voorzichtig behandeld, niets gebeuren.

(6 personen)

4,25 dl room
25-30 gr basterdsuiker

VOOR DE MOUSSEVULLING:
170 gr pure chocolade
25-30 gr boter
6 gescheiden eieren

VOOR DE VERSIERING:
geraspte chocolade of fijngehakte noten

1. Klop de room met de suiker niet te stijf en schep alles in een keer in de vorm.
2. Bestrijk de binnenkant van de vorm gelijkmatig met de achterkant van een lepel met de room en zet de kom in de diepvries om het hard te laten worden. Het kan voorkomen dat de room van de kanten afglijdt en dat je het nog een keer moet doen wanneer het wat steviger is geworden.
3. Maak intussen de moussevulling. Breek de chocolade in een kom, doe de boter erbij en zet de kom in een pan die half gevuld is met heet, niet kokend water. Af en toe roeren tot de chocolade gesmolten is.
4. Roer de eierdooiers een voor een door de hete chocolade tot het goed vermengd is. Van het vuur afhalen.
5. Klop in een andere kom de eiwitten stijf en schep ze voorzichtig met een metalen lepel door de enigszins aafgekoelde chocolade.
6. Dit mengsel in de met bevroren room beklede vorm schenken en in een nacht laten bevriezen.
7. Twee uur voor het opdienen de vorm eraf halen. Dompel de vorm in heet water en schuif een pannekoekmes langs de wanden van de schaal naar beneden om hem los te maken. Zet de schaal boven op de vorm en draai snel om. De *bombe* moet er gemakkelijk uitglijden.
8. Strooi voor het opdienen geraspte chocolade of fijngehakte noten over de Bombe.

Kinderpartijtjes

R.D. Ik herinner me mijn eerste verjaarspartijtje nog levendig. Het was mijn vierde verjaardag en werd gehouden op 13 september 1920. 'We zullen "verkleed" op de uitnodigingen zetten,' zei mijn moeder. 'Dat zullen ze allemaal leuk vinden.' Het was besloten dat ik *Little Boy Blue* zou zijn, omdat het mijn favoriete bakerrijmpje was en de plaatselijke naaister maakte een prachtig pak met lange pijpen voor me van korenblauw fluweel. Het had zilverkleurige knopen van voren en een hoge kraag en o, wat zag het er deftig uit. Een lange jachthoorn om bij me te dragen werd ergens vandaan gehaald, zodat iedereen zou weten wie ik was.

Toen de grote dag aanbrak stond ik te zamen met twee van mijn zusters (*Little Bo-Beep* en Assepoester) op mijn gasten te wachten. Ik was buiten mezelf van opwinding en toen een stuk of twintig *Little Miss Muffets*, Goudhaartjes en Dick Whittingtons de woonkamer binnenstroomden, veroorzaakten mijn zenuwen en opwinding zo'n druk op mijn blaas dat de sluizen opengingen en een hele stroom naar buiten schoot als uit een hogedrukspuit. In minder dan geen tijd werd de hele voorkant van mijn prachtige korenblauwe pak ontsierd door een enorme zwarte natte vlek die reikte tot aan mijn knieën. Ik begon te loeien en werd bliksemsnel de kamer uitgewerkt door mijn moeder, die me mijn gewone grijze broek en een witte bloes aantrok. 'Geeft niks, hoor,' zei ze. 'En als ze je vragen wie je voorstelt, zeg je gewoon jezelf, omdat je die de rest van je leven zult moeten zijn.'

Sindsdien heb ik altijd een hekel gehad aan kinderpartijtjes. Ik geloof dat de meeste kinderen, behalve dan het feestvarken, er een hekel aan hebben of ze in ieder geval behoorlijk saai vinden. Voor volwassenen zijn ze zonder twijfel een hel, maar jammer genoeg zijn ze een sociale verplichting, dus moeten we er maar het beste van zien te maken.

Het probleem is natuurlijk hoe je de kleine krengen een uur of wat bezig kunt houden vóór de taart en de limonade op tafel komen en dan weer na het taart gooien. De kinderen van tegenwoordig vinden stoelendans en slofje-onder beneden hun waardigheid, dus moet er van alles bedacht worden. Er is altijd wel een klein rotzakje onder de jongens dat goed in de gaten moet worden gehouden, en er zijn altijd meisjes die huilen wanneer iemand ze knijpt en er is helemaal geen lol aan. De rijkere moeders huren soms beroepskrachten om het partijtje te organiseren en dat zijn mensen met veel talent. Zij kennen duizend verschillende spelletjes en hebben harde autoritaire stemmen, en het enige dat de moeders hoeven te doen is zitten toekijken. Na de taart is een goede goochelaar of een poppenkast zo ongeveer de enige manier om de rest van die afgrijselijke middag door te komen. Ik heb zelfs wel eens een ex-circusvrouw gehuurd, die aan kwam zetten met een hele meute walgelijke poedels die door hoepels sprongen en op hun kop stonden en daarna begonnen te paren. (O, kijk, ze spelen haasje-over!) Dat was een groot succes. Maar door de bank genomen zijn zulke partijtjes kommer en kwel. Ze eindigen altijd met een heel stel ouders die je nooit eerder hebt gezien, die met zijn allen binnenkomen om hun nu vermoeide en humeurige kroost op te halen. En dan moet je deze vreemden een borrel aanbieden, die ze nog accepteren ook, en zo blijven zij plakken en vraag jij je af of het ooit nog eens een keer afgelopen zal zijn.

Maar als we het dan toch moeten doen, laten we het dan goed doen, en u zult zien dat onze koks een paar dingen bedacht hebben die lekker genoeg zijn om de aandacht van de gulzige kleine rakkers rond de tafel af te leiden zodat ze ophouden met het elkaar bekogelen met doughnuts.

LUKE'S
BIRTHDAY
PARTY
SHAPED SANDWICHES with various fillings:
cheese spread * marmite * banana * egg
CRUDITÉS: carrots * celery * radishes
CRISPS * SAUSAGES ON STICKS * BABYBEL CHEESES
CROCODILE
ALLA DAUBE
ICECREAM: VANILLA, CHOCOLATE, STRAWBERRY
ICE CREAM CONES
CARAVAN CAKE
TOFFEE APPLES
LICCY'S LEMONADE
for Roald Dahl from Quentin Blake 1980

Voor mijn uitgeefster

L.D. Toen ik voor het eerst bij Eleo Gordon kwam, had ik een grote boodschappentas bij me vol mappen en schriften met een miljoen rare, warhoofdige ideeën over het schrijven van een kookboek. Ik verwachtte dat zij beleefd maar gereserveerd naar mij zou luisteren, maar in plaats daarvan liep zij meteen over van enthousiasme. In een paar minuten waren al mijn angst en twijfel als sneeuw voor de zon verdwenen. In minder dan geen tijd waren we druk bezig met plannen maken. Toen ik anderhalf uur later buiten op de stoep stond was ik volledig besmet met Eleo's enthousiasme. Als ik verstandig was geweest, had ik beseft wat mij te wachten stond en zou ik mij hebben omgedraaid, linea recta het kantoor weer ingemarcheerd zijn en gezegd hebben: 'Laat maar.' In plaats daarvan zei ik tegen mezelf dat het mens gek was en ik ook en dat ik het ging doen. Ik zou haar niet teleurstellen.

Eleo's enthousiasme was een grote steun voor mij tijdens het lange proces van het samenstellen van dit boek, maar ik hoorde pas dat haar man van Russische afkomst was, toen ik halverwege was en op zoek was naar een goed recept voor Pasen. Omdat ik wist dat Pasen in Rusland een groot feest is, vroeg ik haar of zijn familie geen traditioneel recept had. 'Ja zeker,' riep Eleo. '*Paskha*. Dat maakt Peters familie altijd met Pasen.' Bij haar beschrijving liep me het water in de mond, maar de bereiding leek me moeilijk. Ik zei dat ik twijfelde of wij het wel konden maken. 'Met gemak, met gemak!' riep ze. 'Het lukt altijd!'

Eerder in dit boek heb ik al verteld dat we twee foto's over moesten doen. De *Paskha* zou de eerste zijn. Josie haalde diep adem. Vorm, doeken en ingrediënten werden klaargezet. Alles wat u op de foto ziet, behalve de *Paskha*, stond opgesteld voor de camera. De *Kulich* was gemaakt en het servetje was geglazuurd. Het moment brak aan dat de *Paskha* uit de vorm moest komen. De vorm werd omgedraaid, en hopla... een volslagen mislukking! Ik kan het resultaat alleen maar beschrijven als een witte koeievlaai. Josie was in tranen. Ik rende de deur uit en kocht kilo's roomkaas, drukte het in de vorm, draaide het om en hopla... het zag er perfect uit. 'Nee,' zei Josie. 'We hadden afgesproken dat we het eerlijk zouden doen.' Als altijd de perfectioniste. Een volgende keer probeerden we het opnieuw en zoals u ziet had ze gelijk. Eleo ook. Het was makkelijk en ik kan u verzekeren dat het heerlijk is. Het is opgedragen aan Eleo omdat zij zoveel vertrouwen in ons had.

Paskha

Paskha

Maak het minstens vier dagen van tevoren.

Het woord *Paskha* betekent 'Pasen' en dit is een familierecept voor een van de traditionele Russische gerechten van die tijd. De rijke smaak symboliseert het einde van de vasten en het wordt meestal opgediend met *kulich* (het recept hierna). Gewoonlijk wordt een houten *Paskha*-vorm gebruikt, die versierd is met paassymbolen zoals een kruis, een haan of de initialen XB, wat staat voor 'Christus is opgestaan'. Aangezien dit waarschijnlijk niet te krijgen is kan een 20 cm diepe bloempot (met een gat in de bodem) dienst doen.

(10-12 personen)

675 gr cottage cheese
675 gr mascarpone of mon chou
225 gr ongezouten boter
6 eieren
115 ml garderoom
½ gespleten vanillestokje
900 gr basterdsuiker

1. De cottage cheese en de roomkaas door een zeef wrijven.
2. Doe het in een kaasdoek (of een grote koffiefilter). Ophangen en 12-24 uur laten uitlekken.
3. De kaas in een grote pan doen. Eieren, room, boter, vanillestokje en suiker toevoegen. Goed roeren. Zet de pan op een laag vuur en wacht al roerend tot het eerste belletje verschijnt en haal dan de pan van het vuur.
4. Spoel de kaasdoek uit, maar laat hem vochtig en leg hem met zo min mogelijk kreukels erin in de Paskha-vorm of bloempot. Zet de pot op een rek met daaronder een dienblad om het vocht dat eruit lekt, op te vangen. Doe het mengsel in de vorm of de bloempot. Het moet de vorm helemaal vullen. De kaasdoek of het deksel mag er nu nog niet op.
5. Zet de pot met blad en al in de ijskast.
6. Giet het overtollige vocht af. Vouw nu de kaasdoek over de vorm en doe een deksel erop met daarop iets zwaars. Laat nog twee dagen in de ijskast staan.
7. Haal voorzichtig het verzwaarde deksel en de kaasdoek eraf. Zet de schaal waarin hij wordt opgediend, op de pot. Keren en voorzichtig de vorm en de kaasdoek eraf halen.

Serveren met de kulich die versierd is met een geglazuurd servet.

Kulich

Deze Russische paascake die gemaakt wordt van een stevig gistdeeg, wordt geserveerd bij de *Paskha* (zie het vorige recept). Om hem te bakken heb je een hoog cilindervormig, of een diep rond bakblik nodig met voldoende ruimte voor het rijzen van het deeg. Ik heb een aspergepan gebruikt en dat ging prima.

(10-12 personen)

6 theelepels gedroogde gist
5,7 dl melk
9 ons gezeefd meel
snufje zout
285 gr boter
225 gr suiker
6 eieren
5 eetlepels gehakte amandelen
4 eetlepels rozijnen

½ theelepel gemalen cardamom of kaneel,
steranijs of citroenschil
1 geklopt ei

VOOR HET GEGLAZUURDE SERVET:
2-3 witte papieren servetten
450 gr poedersuiker
citroensap

VOOR DE VERSIERING:
een of meer van de volgende dingen:
forsythia, gesuikerde vruchtjes, jelly
beans, angelica, zilveren balletjes

1. Verwarm de melk tot lichaamstemperatuur en los de gist erin op.
2. Doe het meel en het zout in een kom, giet het gistvocht erbij en kneed het tot een soepel deeg.
3. Met een ingevette plastic zak bedekken en wegzetten op een warme plaats om te rijzen tot het tweemaal zoveel is geworden in ongeveer 30 minuten.
4. Roer de suiker met de boter tot het licht en schuimig is geworden. Voeg een voor een de eieren toe en vervolgens de amandelen, de rozijnen en de kruiden.
5. Vermeng het met het deeg en klop het goed. Het mengsel zal tamelijk dik zijn. Bedekken en terugzetten op de warme plaats. Weer laten rijzen zoals bij 3.
6. Het diepe ronde bakblik goed invetten en het deeg erin doen.
7. Bedekken en weer terugzetten op de warme plaats om het voor het laatst te laten rijzen zoals bij 3.
8. Oven voorverwarmen op 190°C of stand 5.
9. Kwast de bovenkant van het deeg licht in met geklopt ei en laat 1 uur in de oven bakken. Als het gaar is moet het lichtbruin zijn en een breinaald die in het midden gestoken wordt, moet er schoon uitkomen.
10. Op een rooster laten afkoelen.
11. Nu het geglazuurde servet. Leg 2 of 3 papieren servetten precies met de vouwen op elkaar.
12. Zeef de poedersuiker in een kom. Wees erop voorbereid dat er wel een pond poedersuiker nodig is. Vermeng het met het citroensap tot er een smeerbare pasta ontstaat.
13. Met een pannekoekmes dat af en toe in heet water wordt gedompeld, het suikermengsel vlug en gelijkmatig over de opgestapelde servetten uitspreiden.
14. Til heel voorzichtig, zo mogelijk met zijn tweeën, het geglazuurde servet op de kulich, zodat het er vanzelf overheen valt. Hard laten worden. Het is belangrijk het glazuur zo dik te maken dat het vlug stolt en aan het servet blijft kleven, zodat het papier niet te voorschijn komt.
15. Garneer het servet met enkele van de bovengenoemde versieringen.
16. Om de kulich op te dienen moet het geglazuurde servet eraf worden getild. Vervolgens van bovenaf horizontale plakken snijden. Bewaar de bovenste plak als deksel om te zorgen dat de cake niet uitdroogt en leg het servet er weer overheen nadat kindertjes aan de hoekjes hebben geknabbeld.

Khristos voskrese.

IRMA

ANN TWICKEL

Irma kwam in 1947 aan in Ettal in Beieren als een 'displaced person' uit Sudetenland. Daar was ze onderhand wel aan gewend omdat zij – met haar een meter dertig – eerst door de Duitsers en daarna door de Russen was 'displaced'. Ze bleek een geboren kokkin die altijd bereid was een nieuw recept uit te proberen.

In 1960 ging ze met mij mee naar Engeland, waar ze niet alleen het huis, maar ook de tuin overnam. Eigenlijk houdt ze meer van spitten, houthakken en heggen snoeien dan van koken. Haar Engels is nooit helemaal volmaakt geworden en gaat gebukt onder een zwaar Tsjechisch en Beiers accent. Ik houd een lijst bij van door haar uitgevonden woorden die alleen ik kan begrijpen en die me heel dierbaar zijn.

Irma's monnik in nachthemd

(6 personen)

55 gr geroosterde en fijngehakte hazelnoten
115 gr basterdsuiker
115 gr boter
5 gescheiden eieren
115 gr geraspte chocolade
115 gr geroosterde hazelnoten die fijngemalen maar toch nog knapperig zijn
3 dl niet te stijf geklopte room voor de garnering

1. Besmeer een kom vanbinnen met boter en bekleed hem met de 55 gr geroosterde en fijngehakte hazelnoten.
2. Meng de basterdsuiker en de boter en voeg de eierdooiers langzaam een voor een toe.
3. Doe de geraspte chocolade en de gemalen noten erbij.
4. Klop de eiwitten stijf en schep ze voorzichtig door het chocolade-notenmengsel.
5. Doe dit in de beklede kom. Bedek de kom met een dubbele laag vetvrij papier die in het midden een naar beneden gerichte vouw heeft, en bind het stevig vast met een touwtje om de kom. Door een dubbele strook aluminiumfolie onder de kom te leggen zodat de uiteinden boven de kom uitsteken, wordt het gemakkelijker de kom uit de pan te tillen.
6. Zet de kom in een pan met zoveel water dat de kom voor driekwart in het water staat. Laat 2 uur stomen.
7. Voorzichtig op een schaal keren en wat van de room eroverheen gieten. De rest van de room er apart bijgeven.

O zo zalige zwarte bes!

PIP

Men kan ook frambozen gebruiken, in dat geval de *crème de cassis* weglaten.

(10-12 personen)

VOOR DE BODEM:
3 ons verkruimelde volkorenbiscuits
140 gr ongezouten boter

VOOR DE MOUSSE:
450 gr zwarte bessen
3 eetlepels crème de cassis
225 gr basterdsuiker
4 eieren
285 ml room
1 theelepel kaneel
1 pakje gelatinepoeder

VOOR DE BOVENLAAG:
ruim 1 dl bewaarde zwartebessenpuree
1 theelepel gelatinepoeder

VOOR DE GARNERING:
een paar zwarte bessen
een eiwit
en poedersuiker

1. Randen en bodem invetten van een springvorm van 25 cm diameter.
2. Smelt de boter en meng met de verkruimelde biscuits. Zodra het goed gemengd is, de bodem van de vorm ermee bedekken en goed aandrukken.
3. Doe de zwarte bessen met 55 gr basterdsuiker en de crème de cassis in een pan. Op laag vuur roeren tot de suiker is opgelost. Fijn maken en door een zeef draaien. Ruim 1 dl van de puree bewaren voor de bovenlaag.
4. Splits de eieren, doe de dooiers met de rest van de suiker en de kaneel in een kom en klop het mengsel tot het dik en romig is.

5. Meng in een andere kom de gelatine met een beetje koud water. De kom au bain-marie, in een pan met bijna kokend water, verwarmen tot de gelatine is opgelost.
6. Giet de opgeloste gelatine in de zwartebessenpuree en meng dit goed dooreen. Schep het mengsel voorzichtig door de geklopte eierdooiers.
7. De room lobbig, niet te stijf kloppen en er voorzichtig door scheppen.
8. Ook de eiwitten stijf kloppen en er voorzichtig door scheppen.
9. Giet nu alles over de koekkruimels, maak de bovenkant glad en zet het in de ijskast om op te stijven.
10. Doe voor de bovenlaag de gelatine in een kommetje met een beetje koud water. Verwarm de kom au bain-marie tot de gelatine is opgelost.
11. De gelatine met de bewaarde zwartebessenpuree vermengen en gelijkmatig over de mousse verspreiden door de vorm te kantelen. In de vorm op laten stijven tot het wordt opgediend.
12. Snijd voorzichtig met een warm mes de mousse los van de rand, maak de beugel los en verwijder de rand.
13. Versieren met een paar zwarte bessen die in eiwit zijn gedoopt en daarna door de poedersuiker gerold.

ANNE

R.D. We moesten een maand wachten voor onze huishoudster zou arriveren, dus kregen we twee meisjes van een bureau om de tijd te overbruggen. De eerste was Josie, de tweede was Anne. Het was een ongelofelijk buitenkansje. Beiden maakten ze, ieder op haar beurt, diepe indruk op de familie en de familie maakte, geloof ik, evenveel indruk op hen. We hadden nooit eerder zulke aardige meisjes ontmoet – vrolijk, betrouwbaar, efficiënt, vriendelijk, alleraardigst – en wat nog merkwaardiger was: ze konden allebei heerlijk koken. Om een lang verhaal kort te maken, uiteindelijk deden we hun gezamenlijk het volgende aanbod: te zamen zouden ze een vol jaar voor ons werken, ieder zes maanden, en ze zouden onderling uitmaken wie welke maanden werkte. Geen enkel jong meisje wil een heel jaar lang in hetzelfde huis blijven wonen en werken. Ze wil veel liever zes maanden werken en al haar geld opsparen om daarna op reis te gaan en in heel Europa en nog verder de bloemetjes buiten te zetten. Het aanbod werd aangenomen en het heeft sindsdien voortreffelijk gewerkt. Ze zijn allebei nog steeds beurtelings bij ons en daar is iedereen heel gelukkig mee.

Anne kan uitstekend koken. Ze heeft koken geleerd tijdens een cursus van dertien weken van La Petite Cuisine in Richmond en ze schijnt daar allemachtig veel van te hebben opgestoken. Maar ja, ze heeft er ook een aangeboren talent voor. Wanneer zij in de keuken staat is er nooit sprake van haast of paniek. Alles verloopt zo gladjes als maar kan en na enige tijd verschijnt een verrukkelijke maaltijd op tafel. Niets is te gaar, de groenten zijn precies goed en Anne staat er zo koel als wat bij te glimlachen. Zij bezit de gave en het juiste temperament en het is altijd een plezier haar in huis te hebben.

Annes salade van wintervruchten

(8 personen)

250 gr ontpitte, gedroogde pruimen
3 dl koude thee
250 gr gedroogde vijgen
ca. 3 dl koud water
250 gr gedroogde abrikozen
ca. 3 dl sinaasappelsap
suiker
50-60 gr rozijnen zonder pit
1 dl brandy
250 gr stevige appels
30 gr geroosterde amandelsnippers

1. Laat de pruimen een nacht in voldoende koude thee weken.
2. Laat de vijgen een nacht in koud water weken
3. en de abrikozen een nacht in het sinaasappelsap.
4. Kook de vruchten afzonderlijk in hun eigen sap zacht met een beetje suiker. Daarna het sap inkoken tot de benodigde dikte.
5. Laat de rozijnen 2 uur in de brandy weken.
6. Schil de appels en snijd ze in schijfjes. Vermeng ze met de andere vruchten en het sap.
7. Doe de rozijnen erbij.
8. Strooi er de amandelen over.
9. Zo nodig kan voor het serveren nog wat sinaasappelsap worden toegevoegd.

Koud serveren met room of brandysnaps – opgerolde wafeltjes met gembersmaak – gevuld met room.

Bramen meringue

JOSIE

(8 personen)

140 gr hazelnoten, 2 uur in een matig warme oven geroosterd en daarna ontveld
4 eiwitten
250 gr poedersuiker
een druppel vanille-essence
½ theelepel witte wijnazijn
1100 gr bramen
sap van een halve citroen
suikerstroop gemaakt van 175 gr poedersuiker en 1,5 dl water, samen 3 minuten gekookt en daarna afgekoeld
4 dl room

1. Oven voorverwarmen op 180°C of stand 4.
2. Twee dezelfde ondiepe bakblikken van 20 cm doorsnede invetten met gesmolten boter of vet en met bloem bestuiven. Op de bodem vetvrij papier leggen.
3. Hak de hazelnoten niet te fijn, ze moeten knapperig blijven.
4. Klop de eiwitten stijf, voeg langzaam de poedersuiker, de vanille-essence en de witte-wijnazijn toe en klop door tot alles heel stijf is.
5. Schep voorzichtig met een metalen lepel de fijngemaakte noten erdoor.
6. Verdeel het mengsel over de twee bakblikken.
7. Bak ze 35 minuten. Laat ze eerst helemaal afkoelen en keer ze dan om op een rooster. Verwijder het vetvrije papier.
8. Pureer 700 gr bramen met het citroensap en suikerstroop naar smaak. Zeven en in een kan gieten.
9. Klop de room, tot hij net zijn vorm kan vasthouden. Schep voorzichtig de rest van de bramen erdoor. Doe de bramenroom tussen de twee meringues en dien meteen op. Geef de bramensaus erbij.

Sinaasappelflensjes

MANDY DOWN

Marwood Yeatman bezorgde ons dit verrukkelijke recept.

(2-3 personen)

VOOR DE SINAASAPPELBOTER:
115 gr ongezouten boter
2 sinaasappels
50 kleine witte suikerklontjes of 24 grote
2 theelepels sinaasappellikeur of brandy

VOOR DE FLENSJES:
150 gr bloem
sap van 2 sinaasappels + melk, samen 3 dl
1 ei

1. Laat de boter een nacht op een warme plaats staan om zacht te worden. Roer hem dan tot room in een kom.
2. Spoel de sinaasappels onder de koude kraan en droog ze af. Wrijf de schil eraf met de suikerklontjes.
3. Stamp de suikerklontjes fijn in een vijzel of keukenmachine en voeg de likeur toe. Vermeng dit met de zachte boter.
4. Maak een beslag van de ingrediënten voor de flensjes.
5. Wrijf een koekepan in met reuzel en maak hem gloeiend heet. Doe voor ieder flensje een half kopje beslag in de pan en bak op een matig vuur tot het flensje van onderen bruin is, dan keren en de andere kant bakken.
6. Stapel de flensjes op met vetvrij papier ertussen. Laat ze afkoelen.
7. Smeer op ieder flensje ca. 25 gram sinaasappelboter. Vouw het dubbel en dan nogmaals dubbel.
8. Schik de gevouwen flensjes in een beboterde ovenschaal en zet deze in een oven van 140°C of stand 1 gedurende een halfuur of tot ze nodig zijn. Af en toe de gesmolten boter erover lepelen. Opdienen.

Loopy's warme pudding

PHOEBE

We heben deze pudding herdoopt ter herinnering aan Lorina Crosland (Loopy). Het was haar lievelingspudding. Ze vroeg er altijd om wanneer ze zondags bij ons kwam lunchen. Ze likte ook altijd weer de kom uit.

(6-8 personen)

een klein brood
225 gr boter
225 gr rietsuiker
225 gr stroop
1,7 dl melk

1. Oven voorverwarmen op 200°C of stand 6.
2. Snijd de korst van het brood en snijd boterhammen van 2 ½ cm dik. Snijd iedere boterham in 6-8 reepjes.
3. Boter, suiker en stroop in een koekepan doen en met een houten lepel boven een matig vuur het mengsel door elkaar werken tot het goudbruin is geworden.
4. Doe de melk in een steelpan en breng hem aan de kook. Leg de reepjes brood op een bord en giet de melk erover, maar haal ze er meteen weer uit zodat ze niet te veel melk kunnen opnemen. Laat ze uitlekken op keukenpapier.
6. Wentel ze nu door het nogamengsel zodat ze aan alle kanten bedekt worden.
7. Breng ze voorzichtig over in een vuurvaste schaal. Pas op dat ze niet breken. Giet er nog wat extra nogasaus overheen. 8. Laat ze in de oven lichtbruin worden in 10-15 minuten. Laat de noga borrelen, maar let op dat het niet verbrand.

Warm serveren met niet te stijf geklopte room. Maak daarna een lange wandeling!

KRANSEKAKE

R.D. Net als *krokaan* en *riskrem* is *kransekake* een puur Noors gerecht, dat alle Noren, mannen, vrouwen en kinderen, net zo goed kennen als de Engelsen hun *baked beans*. Gelukkig is het wel wat subtieler dan deze smakeloze Engelse favoriet. Het is in feite een prachtig baksel bestaande uit veel op elkaar gestapelde ringen van een een hard soort bitterkoek. De *kransekake* zal met Kerstmis in geen enkel zichzelf respecterend Noors huis ontbreken. Met Pasen doen ze het nog eens dunnetjes over, alleen wordt dan de *kransekake* omgedraaid om een mandje te vormen en wordt een van de ringen doormidden gebroken om er de handvaten van het mandje van te maken. Daar houdt iedereen er zoveel van dat het een soort nationaal symbool is geworden, dat ze bij feestelijke gelegenheden volprikken met Noorse vlaggetjes, zoals u kunt zien op de foto. Een *kransekake* kost enige moeite, maar in Noorwegen vindt iedere moeder, geliefde en kok het resultaat meer dan de moeite waard en daar ben ik het volkomen mee eens. Het is niet alleen de smaak die zo verleidelijk is, het is ook de allure van dit boven alles uit torenende baksel, dat deze traktatie zo fantastisch maakt.

Kransekake

Kransekake

Voor dit recept heb je bittere amandelen nodig. Bittere amandelen zijn giftig als ze rauw worden gegeten. Het bakken vernietigt de toxine en versterkt de smaak. Als bittere amandelen niet te krijgen zijn kun je het ook wel met gewone amandelen maken.

(10-12 personen)

1 pond gemalen bittere amandelen
1 pond poedersuiker
3 eetlepels aardappelmeel
3 eiwitten

VOOR HET GLAZUUR:
140 gr poedersuiker
1 eiwit

1. Oven voorverwarmen op 200°C of stand 6.
2. Vet de kransekake-vormen in met olie, maar als je die vormen niet kunt krijgen, laat dan maar zitten.
3. Zeef de poedersuiker en het aardappelmeel in de kom met de gemalen amandelen.
4. Klop de eiwitten stijf en vermeng ze met de overige ingrediënten.
5. Kneed alles door elkaar tot een zacht, maar stevig deeg.
6. Druk dit deeg in de vorm of rol er een 2½ cm dikke deegsliert van op een werkblad dat lichtbestoven is met poedersuiker. Snijd de sliert in stukken van achtereenvolgens 12½ cm, 15 cm, en steeds 2½ cm meer. Maak ca. 14-15 slierten.
7. Maak ringen van de slierten en leg ze op een ingevette bakplaat met genoeg ruimte ertussen om te kunnen rijzen.
8. Bak de ringen 8-10 minuten in de oven tot ze goudkleurig en knapperig zijn.
9. Laat ze helemaal afkoelen voor je ze van de bakplaat afhaalt.
10. Nu het glazuur. Zeef de poedersuiker in een kom.
11. Voeg het eiwit toe en klop het glad.
12. Maak een punt-spuitzak van vetvrij papier. Doe er wat glazuur in en knip de punt van de zak af. Stip wat glazuur op de grootste ring en plak de op een na grootste erop. Ga zo door tot er een toren ontstaat.
13. Versier nu iedere ring met een geschulpte lijn. De Noren versieren de kransekake met Kerstmis met Noorse vlaggetjes en rode strikjes.

Rose's Cajun Vanillebananen

(4 personen)

8 bollen vanille-ijs
25 gr boter
2 grote of middelgrote bananen, in de lengte in plakken gesneden van ruim ½ cm
2 eetlepel kristalsuiker
55 ml Grand Marnier, brandy of rum

1. Twee bollen vanille-ijs per portie in een ijsschaaltje doen en in het vriesvak zetten.
2. Smelt de boter in een koekepan en bak de bananen op laag vuur tot ze glazig zijn. Eénmaal keren met een pannekoekmes.
3. Met suiker bestrooien en laten caramelliseren.
4. Leg vlak voor het opdienen de bananen op het ijs, giet Grand Marnier in de pan, steek het aan met een lucifer en giet het brandend over het ijs.

Rood-blauwe vruchtensalade met crème Chantilly

JOSIE

Maak deze salade van verse en ingemaakte vruchten, de laatste liefst in een lichte siroop met alcohol. Bijvoorbeeld bosbessen, frambozen, zwarte bessen, aalbessen, zwarte kersen en loganbessen.

Deze salade ziet er prachtig uit als hij wordt opgediend in een grote ondiepe witte schaal met wat van de siroop. Bestrooi met gezeefde poedersuiker en wat takjes verse munt.

Opdienen met toefjes crème Chantilly of *riskrem*.

VOOR DE CRÈME CHANTILLY:

4,25 dl room
4 eetlepels ijskoud water
3 theelepels poedersuiker
6 druppels vanille essence

1. Zet de schaal voor het gebruik 10-15 minuten in ijskast of vriesvak.
2. Doe alle ingrediënten bij het water in de gekoelde schaal en klop een paar minuten regelmatig door tot de room in volume is verdubbeld.
3. Nu sneller kloppen tot het mengsel heel luchtig is en pieken vormt.

Riskrem

ALFHILD

Dit is een goed alternatief voor de crème Chantilly bij de rood-blauwe vruchtensalade van het vorige recept.

1,4 l melk
1 gespleten vanillestokje
115 gr papkokende rijst
snufje zout
klontje boter
versgeraspte nootmuskaat
20 gr poedersuiker
ca. ¼ l room
2-3 geblancheerde amandelen, in stukjes gehakt

1. Breng de melk aan de kook met het vanillestokje en strooi langzaam de rijst erin.
2. Laat een uur heel zachtjes koken tot de rijst zacht is en de meeste melk is opgenomen.
3. De rijst in een kom doen. Een snufje zout, een klontje boter en wat geraspte nootmuskaat erbij doen. Mengen en af laten koelen.
4. Zeef de suiker in de room en klop het niet te stijf.
5. Schep de room voorzichtig door de rijst met de fijngehakte amandelen. Doe alles in een schaal en zet hem in de koelkast.

Serveren met rode-vruchtenpuree van b.v. aalbessen en/of frambozen.

Gipsy House amandeltaart

Je kunt het deeg het beste een dag van tevoren maken en te zamen met de vulling bakken.

(6 personen)

VOOR HET ZANDDEEG:
1 ons bloem
1½ eetlepel basterdsuiker
snufje bakpoeder
50 gr koude boter in blokjes gesneden
½ ei geklutst met ½ theelepel koud water
en ¼ theelepel vanille-essence
boter om in te vetten

VOOR DE VULLING:
8 eetlepels stroop
55 gr ongezouten boter
4 eetlepels room
geraspte schil van ½ citroen
2 geklutste kleine eieren
4 eetlepels gemalen amandelen
70 gr amandelsnippers
gezeefde poedersuiker voor de glazuur

1. Zeef de bloem, suiker en bakpoeder in een kom van de keukenmachine en doe de boter erbij. Het deegmes laten draaien tot het mengsel lijkt op fijn broodkruim.
2. Giet het eiermengsel erin terwijl het deegmes draait. Kneed tot een samenhangend deeg. Maak een bal.
3. In vetvrij papier wikkelen en enkele uren in de ijskast leggen, liefst de hele nacht.
4. Oven voorverwarmen op 190°C of stand 5.
5. Een vuurvaste schaal van 28 cm diameter (b.v. een souffléschaal) invetten.
6. Bestrooi het werkblad met een beetje bloem en rol het deeg zo dun mogelijk uit. Het moet wel hanteerbaar blijven.
7. Bekleed de schaal met het deeg. Zorg dat er geen lucht onder blijft zitten.
8. Nu de vulling. Verwarm voorzichtig de stroop en doe, van het vuur af, een voor een stukjes boter erdoor.

9. Als de boter is opgelost room, citroenschil en eieren toevoegen. Langzaam de gemalen amandelen erbij doen. Goed mengen tot een gladde pasta.
10. Giet het in de taartbodem. Strooi wat amandelsnippers op de bovenkant en bak de taart 30 minuten middenin de oven tot het deeg goudbruin en de vulling stevig is.
11. Af laten koelen. Laat de grill heet worden.
12. Strooi flink wat gezeefde poedersuiker over de taart en laat de suiker onder de grill caramelliseren. (Men kan de deegrand met folie bedekken om verbranden te voorkomen.)
13. Laat de taart helemaal afkoelen voor het opdienen.

Geheime recepten

OPHELIA

Mijn zuster Lucy en ik kwamen altijd hongerig uit school. Vader stond vaak in de keuken thee te zetten voor hij weer naar zijn werk-huisje ging en hij produceerde dan allerlei eenvoudige hapjes om ons zoet te houden tot het avondeten. Geroosterde bruine boterhammen met honing en wat dikke room erop of gewoon een banaan geprakt met een lepel olijfolie, wat de bananesmaak leek te versterken. Toast met marmelade en daar bovenop een paar plakjes bacon smaakte altijd het best. Wanneer vader zulke lekkernijen voor ons op tafel zette zei hij altijd: 'Dit is een geheim recept. Ik heb het gekregen van een jonge prins in Dar-es-Salaam toen ik hem had gered uit de dodelijke omhelzing van een reuzenpython. Ik moest hem zweren dat ik het aan niemand zou vertellen.' Daarna liep hij zonder een woord terug naar zijn huisje. Ik stelde me de koninklijke families in heel Afrika altijd voor aan banketten van toast, marmelade en bacon.

Om te ontsnappen aan het eeuwige geroezemoes van Gipsy House hebben Liccy en ik deze zomer een tochtje gemaakt naar een van onze favoriete antiekwinkels in een nabijgelegen dorpje. Tussen tafels, glaswerk, tuinstoelen en kristallen bollen vond ik een in leer gebonden boek getiteld *The Best of Everything*. Het is uitgegeven in 1870 en bevat levendige adviezen over allerlei uiteenlopende huishoudelijke problemen, inclusief abstracte medische aanbevelingen. Ik vond paragrafen zoals 'Hoe men goudkleurige valpruimen inmaakt', 'Papegaaien en hoe men deze moet houden' en 'Een paar woorden over het behoud van tanden en tandvlees'. Het boek bevat ook een aantal heerlijke recepten zoals het volgende:

> Om aan te sterken: Stoof twee kalfspoten in twee pinten water en twee pinten verse melk in een goed afgesloten pot; wanneer het is afgekoeld al het vet eraf scheppen en een beetje suiker toevoegen, indien gewenst. Neem hiervan elke morgen meteen bij het opstaan en 's avonds voor het naar bed gaan een grote theekop.

Omdat kalfspoten tegenwoordig niet zo makkelijk te krijgen zijn heb ik maar een recept voor een zalige jam omelet uitgekozen.

Ophelia's jam-omelet

Een bijzondere traktatie voor 's middags bij de thee.

(1-2 personen)

3 gescheiden verse eieren
wat gezeefde poedersuiker
1 eetlepel melk of water
boter om te bakken
verwarmde aardbeienjam voor op de omelet

1. Doe de eierdooiers in een kom en klop ze met wat suiker zodat ze zoet van smaak worden.
2. Melk of water erdoor doen.
3. Klop in een andere kom de eiwitten stijf.
4. Schep voorzichtig de eiwitten door het dooiermengsel.
5. Verhit de boter in een koekepan en schenk als de boter heet is voorzichtig het omeletmengsel in de pan.
6. Als de onderkant stevig wordt giet dan de jam over een helft van de omelet en klap hem dubbel en dien op. Men kan ook de omelet met pan en al een paar seconden onder een hete grill zetten, zodat bijna een soufflé ontstaat, en vervolgens bliksemsnel opdienen.

Zoete aardappelrand

ROSE

(10-12 personen)

9 ons zoete aardappels, geschild en geraspt
4 kort geklutste eieren

4,5 dl garderoom of melk
115 gr bruine suiker
115 gr stroop
55 gr gesmolten boter
1 theelepel kaneel
1 theelepel nootmuskaat
1 opgehoopte eetlepel fijngesneden verse gember of ½ theelepel gemberpoeder
½ theelepel zout

VOOR DE KOUDE CITROENSAUS:
3 geklopte eierdooiers
115 gr gezeefde poedersuiker
¾ theelepel fijngeraspte citroenschil
3 eetlepels citroensap
3,4 dl room

1. Oven voorverwarmen op 180°C of stand 4.
2. Een ringvorm van 1,7 liter inhoud invetten.
3. Roer in een kom de aardappels, eieren, room, suiker, stroop, boter, kaneel, nootmuskaat, gember en zout door elkaar. Schep het mengsel in de vorm en laat het 1 uur bakken tot het goed gerezen is en stevig. Voor het keren moet de rand een paar minuten in de vorm blijven staan.
4. Roer voor de citroensaus de eierdooiers, de suiker, citroenschil en citroensap door elkaar.
5. Klop de room stijf en schep voorzichtig door het dooiermengsel.
6. Keer de aardappelrand op een schaal en schenk er op het laatste moment wat van de citroensaus over. Geef de rest van de saus apart erbij.

Coughtonse warme kerstpudding

Voor ongeveer 4 grote puddingen. Zo mogelijk 4 maanden voor Kerstmis bereiden, maar het allerbeste is een jaar tevoren.

450 gr donkerbruine basterdsuiker
450 gr fijngesneden kalfsniervet
450 gr gewassen sultana rozijnen
450 gr pitloze rozijnen
450 gr gewassen krenten
225 gr mixed peel, fijngesneden lichtgesuikerde sinaasappel- en citroenschil
225 gr bloem
225 gr broodkruim
225 gr geblancheerde, gehakte amandelen
225 gr gehakte walnoten
de geraspte schil van 2 citroenen
1 eetlepel nootmuskaat
225 gr geraspte appels
115 gr geraspte wortel
6 geklutste eieren
1 wijnglas brandy of cognac
3 dl melk of bier

1. Meng alle droge en gehakte ingrediënten stevig door elkaar.
2. Daarna de eieren, de brandy en de melk toevoegen en goed er doorheen werken.
3. Schep de massa in ingevette plumpuddingvormen of kommen. Bedek de kommen met een dubbele laag vetvrij papier met in het midden een naar beneden gerichte vouw en bindt het stevig vast met een touwtje om de kom. Een dubbele strook aluminiumfolie die onder iedere kom doorloopt en aan weerszijden omhoog steekt, maakt het uit de pan lichten van de kommen gemakkelijker.
4. Zet de kommen in pannen met kokend water zodat ze voor driekwart in het water staan. Laat ze 5-6 uur au bain-marie stomen. Houd het waterpeil in de gaten, wordt het te laag dan bijvullen met kokend water. Voor gebruik met Kerstmis nog eens drie uur stomen.

Serveren met brandyboter, die gemaakt is met kristalsuiker zodat het knapperig is.

Warme gemberpudding

(6 personen)

170 gr vers witbroodkruim
170 gr fijngesneden kalfsniervet
55 gr gezeefde bloem
1½ theelepel verse fijngehakte gember
1 afgestreken theelepel gezeefd bakpoeder
2 kleine eieren
200 gr stroop
boter voor het invetten

1. Een plumpuddingvorm of kom goed invetten.
2. Meng alle droge ingrediënten goed door elkaar.
3. Klop de eieren met de stroop tot het goed gemengd is.
4. Vermeng met de droge ingrediënten en schep dit in de ingevette vorm.
5. Vul een pan met zoveel water dat de kom voor driekwart onderstaat en zet op het vuur.
6. Bedek de kom met een dubbele laag vetvrij papier met in het midden een naar beneden gerichte vouw en maak het stevig vast met een touwtje om de kom. Een dubbele strook aluminiumfolie die onder de kom doorgaat en aan weerszijden omhoog steekt, maakt het uit de pan lichten gemakkelijker.
7. Zodra het water kookt de kom in de pan zetten. 3 Uur laten koken. Waterpeil controleren en zo nodig kokend water toevoegen.

Met warme stroop serveren of een kan met room voor de echte vreetzakken.

Wrongeltaart

MARWOOD YEATMAN

Gedurende de succesvolle campagne van 1989 om het verbod op de verkoop van ongepasteuriseerde melkprodukten tegen te houden, schreef de vijfenzestigjarige juffrouw Janet Morris mij een brief uit Leeds. Zonder rauwe melk, schreef ze, zou zij nooit meer de wrongeltaart kunnen bakken die zij haar hele leven al had gemaakt. Zo maakt zij hem:

(6 personen)

Voor 1 grote taart of 10-12 kleintjes 170 gr korstdeeg of bladerdeeg
5,7 dl niet-gepasteuriseerde zure melk of verse melk met een 1 theelepel stremsel
55 gr ongezouten boter
55 gr basterdsuiker
1 ei
eventueel 55 gr rozijnen
snufje gemengde kruidenpoeder of nootmuskaat

1. Als er geen zure melk is maak dan de verse melk handwarm en voeg het stremsel toe. Het zal in enkele minuten gaan klonteren en stevig worden.
2. Hang de geklonterde verse of de zure melk een nacht in een fijngeweven doek of kaasdoek zodat de wei eruit lekt. (De wei kan gedronken worden of gebruikt bij het bakken.)
3. Oven voorverwarmen op 220°C of stand 7.
4. Roer de boter met de suiker licht en schuimig.
5. Roer de wrongel, het ei en de rozijnen erdoor.
6. Bekleed een ingevette taartvorm, of de kleine taartvormpjes, met het deeg en doe ze halfvol met het mengsel. Bestuiven met de kruiden of met nootmuskaat.
7. De kleintjes moeten 15 minuten bakken, een grote taart langer. Warm of koud opdienen.

Lori's appeltaart

(6 personen)

200 gr bloem
50 gr basterdsuiker
100 gr ongezouten boter
2 gesplitste eieren
1 kilo stevige moesappels
1 theelepel kaneel
1½ theelepel bloem
85 gr sultana rozijnen

1. Oven voorverwarmen op 190°C of stand 5.
2. Vet een cakevorm van 1 pond inhoud in.
3. Zeef de bloem en de suiker samen in de keukenmachine.
4. De boter in stukjes snijden en bij de bloem en de suiker voegen. Laat de machine met het deegmes draaien tot het resultaat op fijn broodkruim lijkt.
5. Bind het deeg met de eierdooiers.
6. Kneed het voorzichtig tot een gladde bal.
7. Wikkel de bal in plasticfolie en laat het in de ijskast rusten.
8. De appels schillen, boren en in dunne schijf-

jes snijden.
9. Het deeg dun uitrollen. (Maar dik genoeg zodat het niet scheurt wanneer het uit de vorm getild wordt.) De vorm bekleden. Bewaar het overblijvende deeg voor de bovenkant.
10. Meng 1½ theelepel bloem met de kaneel en strooi een beetje op het deeg.
11. Strooi 10 sultana rozijnen op de deegbodem en bedek deze met laag appelschijfjes.
12. Op de appels weer bloem/kaneel stuiven, dan sultana rozijnen strooien en daarop weer een laag appelschijfjes. Laag op laag opbouwen tot de vorm vol is. (De appels moeten boven de vorm uitsteken want ze zullen tijdens het bakken slinken.)
13. Rol de rest van het deeg dun uit, snijd er repen van en vlecht ze over de bovenkant.
14. Klop de eiwitten los en kwast het over de repen om ze vast te plakken.
15. 45-60 Minuten in de oven bakken tot het deeg goudbruin is en de appels zacht. Laat 10-15 minuten staan.
16. Voorzichtig uit de vorm halen en in plakken snijden. Serveren met room of zelfgemaakte custardvla.

Ophelia's kruimelkorst

Deze korst was een uitvinding van Ophelia tijdens haar fitness-dagen. Hij wordt nog steeds gemaakt en zij blijft nog steeds fit.

115 gr boter
225 gr donkerbruine bastersuiker
140 gr grote havermoutvlokken
1 theelepel kaneel
85 gr fijngehakte walnoten

1. Smelt de boter op laag vuur.
2. Alle andere ingrediënten in een kom doen en de gesmolten boter erdoor roeren.
3. Schep dit mengsel boven op een laag vruchten naar keuze in een vuurvaste schaal. Bak het 75 minuten in de oven op 180°C of stand 4.

Caramel appels

JOSIE

Je kunt er het beste zes tegelijk maken, anders koelt de noga af en wordt zo snel hard dat het moeilijk wordt de appels met een laag te bedekken.

6 handappels, gewassen en gedroogd
1 eetlepel water
225 gr basterdsuiker
55 gr boter
olie om in te vetten
6 stevige satépennen

1. Steek de pennen door het midden van iedere appel. Bekleed een bakplaat met aluminiumfolie en vet het licht in.
2. Doe water, suiker en boter in een pannetje en los heel langzaam op.
3. Zet het pannetje in een oven op 140°C of stand 1 tot de noga het craquelé stadium bereikt. Dan meteen uit de oven halen.
4. Wentel de appels zo vlug mogelijk een voor een door het suikermengsel zodat ze helemaal met een dun laagje worden bedekt. Zet ze op de ingevette folie om hard te worden.

Als ze niet meteen nodig zijn moeten ze allemaal apart in vetvrij papier, keukenfolie of nog beter, cellofaan worden gewikkeld, zodat ze niet kleverig worden. Strik er een lintje om.

Caramel appels

INMAAK, DRANK, KOEK EN CAKE

Zuidvruchtenmarmelade 188
Abrikozen-, reine claude-, blauwe pruimen-, kroosjes- en kwetsenjam 189
Marmelada 190
Aardbeienjam 190
Kruisbessen-chutney 191
Kruidengelei 191
Komkommer zoetzuur 191
Pikante pepergelei 192
Aalbessengelei 192
Gipsy House druivengelei 192
Zoetzure sinaasappelschijfjes 193
Lemon curd 193
Tomatenpasta 200
Tomaten en appelpasta 200
Rozebottelgelei 200
Ingemaakte ananas met rabarbermoes 201
Ingemaakte meloen met perzikmoes 201
Kruidige perenjam met ananas 201
Cranberrysaus 202
Kruisbessenmoes 202
Kruidenmengsels 202
Elizabeth Annesley's makkelijke béarnaise-saus 204
Amerikaanse mosterdsaus 204
Jinny's uien met rozijnensaus 204
Liccy's limonade 204
Sleedoorngin 205
Citroendrank met vlierbloesem 206
Mousserende vlierbloesemdrank 206
Mormors sinaasappelsiroop 206
Frambozendrank 206
Peperwodka 207
Kaassprietjes 207
Mrs. MacPhee's scones 208
Arnhemse Meisjes 212
Cinda's cake 212
Cinda's hete chocolademelk 213
Paaskoekjes 213
Zoeloebrood 213

Phoebe

L.D. Phoebe is de laatste achtentwintig jaar een van mijn beste vriendinnen geweest. We leerden elkaar kennen toen we naast elkaar woonden in de tijd dat we allebei kleine kinderen hadden. Toen we het hoofdstuk over inmaken moesten schrijven, wist ik meteen wiens hulp ik daarbij moest inroepen. Die van Phoebe. Ik ben nooit het ogenblik vergeten dat ik haar *lemon curd* proefde, en mijn kinderen ook niet, gevolgd door vele potten jam, chutney, mosterd enz. Zij is in feite het voorbeeld van de volmaakte familiekok – nooit saai en altijd even lekker. Door Phoebe leerde ik Liz kennen, die ook een expert is in de keuken en zoals u zult zien een tovenares op jam-gebied. Ik ben hen allebei heel dankbaar voor dit fantastische hoofdstuk en bovenal voor hun vriendschap.

Uit de tuin

PHOEBE CAVENAGH

Ik herinner me hoe ik als klein kind met mijn moeder erop uit ging om alles wat eetbaar was in het ons omringende terrein te verzamelen. We gingen nooit wandelen zonder een mandje. Mijn zuster en ik plukten rozebottels en wilde appels om jam van te maken. We verzamelden grote geurende bossen vlierbloesem die mijn moeder droogde en door de thee mengde.

We wisten een speciaal weitje voor champignons (mijn moeder wist veel van paddestoelen af en had een huiveringwekkend boek over dat onderwerp) en plukte alle eetbare paddestoelen, in vele kleuren, kegelvormig of plat, waaronder ook de krijtwitte stuifzwammen die in plakken werden gesneden en zachtjes in vet gesmoord.

Rondom ons huis waren grote plekken met braamstruiken waar de honden urenlang in op jacht gingen terwijl wij plukten en plukten met steeds meer schrammen en braamvlekken. Met kaplaarzen aan trotseerden we de brandnetels om de jonge loten te plukken.

Moeder maakte een groentetuin op een oude vuilnisbelt en ik herinner me nog goed de opwinding van het wortels en bieten uittrekken en daarbij hele mozaïeken te ontdekken van scherven aardewerk en gekleurd glas. Wanneer deze groenten niet meteen werden gebruikt, werden ze ingemaakt en bij de andere potten in de provisiekast gezet. Gezouten bonen, jam, gelei, chutney, zelfs eieren in visgelei, ingemaakt in een grote aardewerken pot. Deze eieren waren afkomstig van een kwaadaardige zwarte hen met gele poten en een paar bruine eenden, *Khaki Campbells*, die in de verste verte niet op Schotse soldaten leken, zoals ze eigenlijk hadden moeten doen voor mijn gevoel.

Mijn zuster en ik hebben onze liefde voor koken en inmaken te danken aan onze moeder met haar grote kennis van planten, vruchten en bloemen.

Jams

LIZ

Ik moet bekennen dat ik geen deel uitmaak van Liccy's kring van intieme vrienden, maar wij delen een lange en intensieve vriendschap met Phoebe en daardoor kennen Liccy en ik elkaar al jaren. Dit en het feit dat ik goed ben in inmaken is de reden dat mij gevraagd werd een bijdrage te leveren aan dit boek.

Lang geleden trouwde ik met een Portugese baron Delaforce genaamd en ging met hem mee terug naar Portugal. Toen mijn kinderen naar kostschool in Engeland gingen had ik iets nodig om me bezig te houden en omdat ik graag jam maakte besloot ik te zamen met een vriendin een handeltje op te zetten.

We begonnen behoedzaam met het maken van achtenveertig potten van alle populaire jamsoorten, lieten etiketten drukken, en algauw konden we gaan verkopen. In minder dan geen tijd kwam onze handel op gang. Mensen waren dol op onze jam omdat hij eigenhandig met grote zorg bereid was van fruit dat we zelf hadden geplukt. Er was natuurlijk een grens aan de hoeveelheid die we konden produceren als we onze kwaliteit wilden handhaven, maar in de loop der tijd deden we een aantal interessante ontdekkingen, die naar mijn gevoel een grote hulp zullen blijken te zijn voor alle mensen die thuis jam willen maken. We ontdekten bijvoorbeeld dat de jam die we maakten van frambozen uit onze diepvries, net zo lekker was als de jam van versgeplukte vruchten – soms zelfs beter wanneer het erg warm was. We ontdekten dat alle vruchten ingevroren kunnen worden zonder dat de kwaliteit achteruit gaat. Dus investeerden we in genoeg diepvrieskisten om een voldoende voorraad vruchten voor een heel jaar op te slaan en maakten verse jam voor iedere bestelling.

Op onze kleine schaal waren we een groot succes en, als ik het zeggen mag, onze jams waren echt erg goed. Ons zaakje bloeide en in de loop der jaren heb ik denk ik wel vrijwel alles geleerd wat er te leren valt over thuis inmaken en jams. Dus laat ik hier ter aanvulling op de grondregels voor het inmaken die je in ieder kookboek kunt vinden, een paar belangrijke punten aanstippen.

Om vruchten in te vriezen voor de jam moeten ze worden gewassen en in zakken van 1-3 kilo worden gedaan. Op die manier blijven de vruchten volkomen vers en kunt u jam maken wanneer u er de tijd voor hebt in plaats van vlak na het vermoeiende plukken (en wat kan prettiger zijn dan de geur van kokende abrikozenjam op een koude winterdag wanneer er geen blad meer aan de bomen zit?), en er wordt niets verspild wanneer er een overvloed aan vruchten en groenten uit de tuin komt.

Nooit jam maken met minder dan 1 kilo of meer dan 3 kilo vruchten; de ideale hoeveelheid is ongeveer 2 kilo.

Wanneer pitten verwijderd moeten worden, de vruchten eerst koken en een nacht laten staan. Pas daarna de pitten eruit halen, de suiker toevoegen en koken tot de jam dik wordt.

Wij hebben van nylon gordijn-mousseline een zak gemaakt om het sap uit het fruit te laten lekken, dat ging veel vlugger dan de standaard zak.

Om te testen of de jam dik genoeg is, de pan van het vuur halen, een beetje jam op een koud bord lepelen en een paar minuten in de ijskast zetten om het snel af te laten koelen. Ga met je vinger over de jam: als het oppervlak rimpelt is de jam goed; zo niet, dan nog 2-3 minuten laten koken en opnieuw proberen.

Gebruik schone, droge potten en doe ze helemaal vol omdat de inhoud altijd krimpt bij het afkoelen.

Verzegel de potten wanneer de inhoud helemaal koud is. Ik vind een afsluiting met paraffine verreweg de beste manier. Het kost wel wat tijd, maar het is het waard en geeft de jam een echt professioneel aanzien.

De voordelen van inmaken:

1. Je buit de voordelen van je tuin volledig uit.
2. Alles smaakt veel lekkerder dan de produkten uit de winkel.
3. Het natuurlijk gemaakte produkt is ongetwijfeld gezonder.
4. Een goedgevulde voorraadkast is een bron van heel persoonlijke geschenken. Pikante pepergelei voor de man die alles al heeft. Zoetzure komkommer voor de broer die zo dol is op curry's, aardbeienjam voor de tiener die 's middags na school stapels boterhammen naar binnen schrokt. Wanneer ik bij iemand ga eten, vind ik het prettig om een potje eigengemaakte jam mee te nemen, en dat vindt mijn gastvrouw of gastheer hopelijk ook.

Zuidvruchtenmarmelade

LIZ

Voor 8-10 jampotten

2 grapefruits, 2 zoete sinaasappels,
2 citroenen, samen ca. 14 ons
3 liter water
2,7 kg suiker

1. Snijd de vruchten in vieren en haal het wit en de pitten eruit.
2. Doe het wit en de pitten in een klein mousseline zakje, dichtgebonden met een touwtje.
3. Pureer de vruchten met het water in de keukenmachine.
4. De pulp en het zakje in een pan doen en aan de kook brengen. Zachtjes twee uur laten koken tot het tot de helft is ingekookt.
5. Een nacht laten staan.
6. Aan de kook brengen, suiker toevoegen en laten koken tot het dik wordt.
7. In schone potten scheppen, af laten koelen en afsluiten met paraffine.

Abrikozen-, reine claude-, blauwe pruimen-, kroosjes- en kwetsenjam

LIZ

Voor 10-12 potten

3 kg van een of meer van bovenstaande vruchten
½ l water
3 kg suiker

1. Doe de vruchten met het water in een pan en breng aan de kook. 20 Minuten zachtjes laten koken.
2. Een nacht laten staan met het deksel op de pan. Haal de volgende dag de pitten eruit.
3. De vruchten weer aan de kook brengen, de suiker toevoegen en koken tot het dik wordt.
4. In potten scheppen, laten afkoelen en afsluiten met paraffine.

Marmelada

LIZ

Dit is een Portugese lekkernij die wordt gegeten met een pittige kaas van de Azoren. Oude Cheddar of oude Goudse kaas komt daar dichtbij.

2 kg kweeperen
2 kg suiker

1. Was de kweeperen en snijd ze in tamelijk kleine stukken. Verwijder het klokhuis en de pitten, maar schil ze niet.
2. Doe ze in een grote pan en doe er zoveel water bij dat ze net onderstaan wanneer je ze met de hand naar beneden drukt.
3. Laat de vruchten 20 minuten zachtjes koken. Wanneer ze zacht zijn, het water afgieten (waarvan dan weer kweeperengelei kan worden gemaakt).
4. De vruchten pureren. (Ik gebruik een groentemolen met een grove schijf.)
5. Weeg de pulp en neem hetzelfde gewicht aan suiker.
6. Pulp terugdoen in de pan en aan de kook brengen. De suiker toevoegen en al roerend koken tot het mengsel dik wordt. Bedek je handen en armen want het pruttelt en spettert als een vulkaan.
7. Giet het in diepe ½ ponds-kommen en laat het zo mogelijk in de zon drogen, anders is een warme kast ook goed.

Gedroogd kan het in plakken of blokjes worden gesneden en door kristalsuiker gewenteld om er vruchtenkoekjes van te maken.

Aardbeienjam

LIZ

Omdat aardbeienjam berucht moeilijk opstijft is mijn versie eigenlijk aardbeien in appelgelei. Zo wordt de jam goed stevig en de smaak frisser – heel wat anders dan de donkere stroperige substantie die je op kerkbazars kunt kopen. Ook voor perzikenjam is dit een goede methode.

Het appelsap wordt gemaakt van goede groene moesappels, valappels zijn goed genoeg.

Voor 10 jampotten

8 dl appelsap, getrokken van 1 kilo appels
2 kilo aardbeien
3 kg suiker

1. Eerst het appelsap. Snijd de hele appels in stukken, doe ze in een pan en doe er zoveel water bij dat ze net onderstaan wanneer je ze met de hand naar beneden drukt.
2. Ongeveer 20 minuten zachtjes laten koken tot ze zacht en pappig zijn.
3. Giet het sap af door een nylon mousseline zak. Dit appelsap wordt in veel recepten gebruikt. Het overgebleven sap kan gemakkelijk worden ingevroren.
4. Maak de aardbeien schoon. Haal de kroontjes eraf en doe ze met de appelsap in een pan.
5. Aan de kook brengen en zachtjes laten koken tot de aardbeien zacht zijn.
6. De suiker toevoegen en koken tot het mengsel dik wordt.
7. In potten scheppen, laten afkoelen en afsluiten met paraffine.

Kruisbessen-chutney

LIZ

Voor 5 jampotten

1½ kg kruisbessen
1,1 kg bruine basterdsuiker
1 pond sultana rozijnen
1 eetlepel zout
2,5 dl wijnazijn
1 theelepel gemberpoeder
½ theelepel cayennepeper
2 fijngesneden uien

1. Alle ingrediënten in een pan met een dikke bodem doen en 1 uur laten sudderen tot het dik en romig zacht is geworden.
2. Wanneer het is afgekoeld de potten vullen en afsluiten.

Kruidengelei

LIZ

De tijd bij dit recept goed in de gaten houden.

Voor 10 kleine (halve) jampotten

½ kopje verse kruiden
½ l witte wijnazijn
1 l appelsap (zie recept aardbeienjam)
1½ kg suiker

1. Maak de verse kruiden fijn met de wijnazijn en doe dit in een pan met het appelsap.
2. Aan de kook brengen en 15-20 minuten zachtjes laten koken.
3. Voeg de suiker toe en kook tot het dik wordt.
4. 30 Minuten laten staan voor het in de potjes te doen, zodat de kruiden zich gelijkmatig door de gelei kunnen verspreiden, als het nog erg warm is hebben ze de neiging boven te komen drijven.
5. De potjes vol scheppen en afsluiten.

Komkommer zoetzuur

LIZ

Een heerlijk bijgerecht bij curries, koud vlees en borrelhapjes.

Voor 4-5 potten
1½ kg komkommers
250 gr uien
grof zout
250 gr suiker
4 theelepels mosterdzaad
1 theelepel selderiezaad
1 theelepel koenjit (geelwortel)
½ liter witte-wijnazijn

1. Schaaf de komkommers en snijd de uien in dunne plakken. Bestrooi ze onderwijl met zout.
2. Bedekken en 2-3 uur laten staan.
3. Afgieten, afspoelen met koud water en weer afgieten.
4. De rest van de ingrediënten in een pan doen en aan de kook brengen. 3 Minuten koken, niet langer!
5. De groenten toevoegen, weer aan de kook brengen, goed roeren en van het vuur halen.
6. De potten vullen en afsluiten.

Pikante pepergelei

LIZ

Voor 10 (halve) jampotjes

2 eetlepels verse kleine rode chilipepers
½ l witte-wijnazijn
1 l appelsap (zie recept aardbeienjam)
1½ kg suiker

1. Hak de pepertjes in stukken, haal de pitjes eruit en maak ze fijn met de wijnazijn.
2. Doe dit mengsel bij de appelsap in een pan.
3. Aan de kook brengen en 15-20 minuten zachtjes laten koken. Suiker toevoegen en laten koken tot het stijf wordt.
4. De potjes vol scheppen en afsluiten.

Aalbessengelei

LIZ

Voor 21 (halve) jampotjes

2 kg aalbessen
1 l appelsap (zie recept aardbeienjam)
ca. 3 kg suiker

1. Doe de bessen bij het appelsap in een pan, aan de kook brengen en in ca. 20 minuten zacht laten koken.
2. Giet het vocht af door een nylon mousseline zak.
3. Meet de hoeveelheid vocht, voor iedere liter 1 kilo suiker gebruiken. Sap aan de kook brengen, suiker toevoegen en koken tot het dik wordt.
4. Potten vullen, af laten koelen en afsluiten met paraffine.

Gipsy House druivengelei

LIZ

Voor dit recept gebruik ik altijd tamelijk onrijpe druiven. Er is een aardig gezegde in het Portugees wanneer de druiven van kleur veranderen, wat ze van de ene op de andere dag doen in de Dourovallei: 'O senhora, de schilder is vannacht geweest' en op dat moment pluk ik de druiven voor de gelei.

2 kg druiven
suiker

1. Doe de gewassen druiventrossen in de pan en doe er zoveel water bij dat ze net onderstaan wanneer je ze met de hand naar beneden drukt.
2. Ongeveer 20 minuten zacht laten koken.
3. Giet het sap door een nylon mousseline zak.
4. Meet de hoeveelheid vocht. Neem per liter 8 ons suiker. Doe het sap terug in de pan, breng het aan de kook, voeg de suiker toe en kook tot het dik wordt.
5. Potten vullen, af laten koelen en afsluiten met paraffine.

Men kan deze gelei een extra smaakje geven door in iedere pot een stukje kaneel of een kruidnagel te doen.

Zoetzure sinaasappelschijfjes

PATRICIA WHITE

Dit zoetzuur ziet er leuk uit en draagt met zijn kleur en smaak heel veel bij aan koud vlees, vooral gevogelte of wild. Zoek pitloze kleine sinaasappels uit, want de kleinere behouden hun vorm beter en vallen minder snel uit elkaar tijdens het koken. Dit recept komt uit Patricia Whites *Food as presents*.

Voor 3 jampotten

8 kleine sinaasappels
8,5 dl cider azijn
9 ons suiker
1 afgestreken eetlepel hele kruidnagels (zonder kop)
3 kaneelstokjes

1. Was de sinaasappels en snijd ze in plakken van ruim ½ cm dik. Doe ze in een pan en doe er zoveel water bij dat ze net onderstaan. Heel zachtjes ongeveer 30 minuten laten koken. Vooral niet te hard anders wordt het pulp.
2. Haal de sinaasappels met een schuimspaan uit de pan en leg ze op een bord.
3. Doe alle andere ingrediënten in het kookvocht, laat het 10 minuten flink koken en zet dan het vuur lager.
4. Doe de sinaasappelschijfjes terug in de pan en breng het mengsel aan de kook.
5. Haal nu de schijfjes met de schuimspaan uit de pan en doe ze in de hete, gesteriliseerde potten.
6. Kook het overblijvende vocht tot het dik begint te worden en vul daarmee de potten helemaal op tot ze overlopen. In de potten mogen wel wat kruidnagels terechtkomen maar geen kaneel.
7. Druk met de achterkant van een lepel de lucht uit de potten, vul ze bij en sluit ze af.

Lemon curd

PHOEBE

Voor 2 jampotten

450 gr basterdsuiker
425 gr boter
4 citroenen
4 eieren

1. Smelt de boter zachtjes in de suiker au bain-marie.
2. Rasp de citroenschil, zorg ervoor dat er geen wit meekomt.
3. Pers de citroenen uit. Voeg langzaam de schil en het sap bij de boter en de suiker.
4. Klop de eieren en doe ze al roerende langzaam erbij zodat alle ingrediënten worden opgenomen.
5. Zacht laten koken zodat het mengsel dik en glad wordt. Niet in de verleiding komen het gas hoger te zetten wanneer het niet vlug genoeg dik wordt. Het geheim van dit recept is geduld en voorzichtig roeren.
6. Schep de curd voorzichtig in de pot en sluit af.

Carvers and gilders

R.D. Dit is een opmerkelijk verhaal. Het gaat over vier begaafde en dappere mensen en ik zet het in dit boek omdat het met mijn vrouw Liccy te maken heeft. In het kort gaat het als volgt. Zo'n vijftien jaar geleden, halverwege de jaren zeventig, besloten vier mensen die elkaar niet kenden, dat ze geen zin meer hadden in het werk dat ze deden, en schreven zich in voor een twee- of driejarige cursus op de *City and Guilds London Arts School* in houtsnijden, vergulden en restauratie, een zacht gezegd tamelijk duistere en riskante onderneming, die onmogelijk kon leiden tot grote rijkdom en weinig hoop op succes bood. Dit waren:

1. Felicity d'Abreu (Liccy), achtendertig jaar oud, gescheiden, drie kinderen, een kleine alimentatie en verder niets. Ze had in haar eigen onderhoud voorzien met het maken van kostuums, voornamelijk voor reclamefilmpjes op de tv. Ze had geen kapitaal. Ik moet erbij zeggen dat ik toen al verliefd op haar was.

2. Bill McCombe, tweeëndertig jaar oud, twee kinderen, die een familiebedrijf, een wasserij, had geleid.

3. Christine Palmer, vijfentwintig jaar, ongetrouwd, geen geld, maar met een of andere saaie baan.
4. Aasha Tyrrell, drieëntwintig, ongetrouwd, wat geld maar niet veel, en ook met een saaie baan.

Het was bepaald ongewoon dat Liccy en Bill, de een een eind in de dertig en de ander niet veel jonger, allebei met kinderen en verantwoordelijkheden, een veilige baan opgaven en een sprong in dit onbekende deden. Ze hadden geen van beiden ooit iets aan houtsnijden gedaan, maar ze hielden allebei van de wereld van de grote ambachtslieden uit de zeventiende en achttiende eeuw, van Grinling Gibbons tot Chippendale, en ze moeten instinctief hebben gevoeld dat ze er talent voor hadden. Niettemin was het bijzonder dapper om dat te doen. De andere twee, Christine en Aasha, waren veel jonger en van baan veranderen was op hun leeftijd niet zo'n zwaarwichtige beslissing. Toch moeten ook zij het gevoel hebben gehad dat ze gedreven werden tot deze relatief onbekende kunstvorm.

Zo begon de cursus met alles bij elkaar zo'n twintig studenten, die allemaal leerden hoe ze beitels moesten slijpen, hout moesten snijden en bladgoud aanbrengen op de oude manier met gebruik van fijne Franse klei en lijm van konijnevel. De maanden gingen voorbij en in die tijd werd het de leraren en alle anderen ook, duidelijk dat twee studenten met kop en schouders boven de anderen uitstaken in houtsnijwerk. Dat waren Bill McCombe en Christine Palmer. Ze konden allebei een stuk lindehout nemen en er met vlijmscherpe beitels iets prachtigs van maken, een mand bloemen, een paar vogels of wat je maar wilde. De andere twee personen in dit verhaaltje, Liccy d'Abreu en Aasha Tyrrell, konden natuurlijk ook wel houtsnijden, maar niet op dezelfde briljante wijze als Christine en Bill. Liccy en Aasha's talenten lagen meer op het gebied van restauratie en vergulden.

Liccy en Aasha werden vriendinnen in die maanden en toen de cursus ten einde liep keken ze elkaar aan en vroegen: 'Wat nu?' Het was Aasha die zei: 'Laten we zelf een restauratiebedrijfje opzetten.' In feite was het een krankzinnig idee. Londen had al een aantal uitstekende firma's die dat werk deden en bovendien hadden veel antiekhandelaren hun eigen vakmensen. Dus hoe zouden in vredesnaam twee studenten, zo van de academie, kunnen hopen iets uit niets op te bouwen en te concurreren met deze ervaren deskundigen en daarmee hun brood te verdienen? Maar met bang zijn bereik je niets, en niemand kon beweren dat Liccy of Aasha lafaards waren. Ze waren dapper als leeuwen en ze zeiden: Wat kan het ons verdommen? Wie wil er nou voor anderen werken? We gaan het gewoon proberen. Ze bedachten dat twee mensen niet genoeg waren. Het moesten er vier zijn. Dus nodigden ze de andere twee met wie ze vriendschap hadden gesloten op de academie, Christine Palmer en Bill McCombe, uit om mee te doen. Zij waren net zo dapper als Liccy en Aasha en ze zeiden: Ja, we doen mee.

Maar wacht eens even! Een partnership van vier! Dat kon nooit wat worden, waarschuwden de advocaten en notarissen. Daarvoor moesten ze volmaakt eensgezind kunnen optreden, en dat was zelfs met twee partners al heel moeilijk, laat staan met vier.

De partners zeiden ook daarover: Wat kan het ons verdommen, en ze legden alle vier 100 pond bij elkaar en lieten een officiële partnership overeenkomst opstellen. Liccy vroeg me hoe ze zich moesten noemen en ik antwoordde dat het simpelste altijd het beste is. 'Noemen jullie je maar *Carvers and Gilders* (houtsnijders en vergulders),' zei ik, en dat deden ze. Vervolgens huurden ze voor heel weinig geld een koud, tochtig atelier in een bouwvallige chocoladefabriek aan Battersea Park Road en begonnen zich aan te bieden aan enkele vrienden en aan Londense antiekhandelaren.

De handel zag algauw in dat deze vier mensen niet alleen wisten wat ze deden, maar bovendien bijzondere vaardigheden bezaten en langzamerhand, niet zonder een paar moeilijke perioden, begon de zaak te groeien. Ze zouden er nooit rijk mee worden, dat wisten ze wel, omdat ze per uur betaald werden en het tarief was, hoe gespecialiseerd het werk ook was, hetzelfde als dat van een loodgieter. Het grote geld is in dergelijke zaken, zoals in alle antiekzaken, te vinden in de handel, namelijk het kopen, restaureren en daarna verkopen van mooie spiegels en meubels, die op knappe wijze zijn gerestaureerd, soms zelfs zo knap dat het op vervalsen lijkt. Maar de vier partners, allemaal goudeerlijk, weigerden iets te maken te hebben met alles wat ook maar enigszins louche was.

Kort gezegd heeft *Carvers and Gilders* geleidelijk een klantenkring opgebouwd die hen meer werk bezorgde dan ze aankonden. Ze verhuisden naar een groter atelier, maar het was nog steeds niet meer dan één grote werkruimte met een kantoortje. Ze namen leerlingen aan, leidden hen met grote zorg op en namen hen op in de familie. En natuurlijk bewezen ze het ongelijk van de advocaten en notarissen, want al werkten ze de hele dag samen in dezelfde ruimte, toch ontstonden er geen afschuwelijke ruzies. Hun vriendschap hield niet alleen stand, maar werd zo sterk dat ze één grote familie werden.

Zeven of acht jaar na de start van de firma trouwde ik met Liccy en haalde haar weg van haar werk, vrees ik. Dat was in 1983, maar ze heeft hen nooit helemaal verlaten. Bill, Christine, Aasha en de hele kleine firma zijn haar na aan het hart blijven liggen.

Wat dit verhaal zo bijzonder maakt is het niveau dat deze ex-studenten in zo korte tijd wisten te bereiken. Ik mag de klanten voor wie zij werken niet bij name noemen, maar het is een indrukwekkende lijst. Niet zo lang geleden werd hun hulp ingeroepen door een edelman wiens familie zo'n 230 jaar geleden Thomas Chippendale nog in dienst had gehad. Daar vonden ze in de stoffige stallen en schuren, tussen het vuil en de paardestront, wat stukken van de kostbaarste en belangrijkste spiegels van de hand van de grote meester zelf. Ze verzamelden die stukjes, namen ze mee naar het atelier en zetten ze met grote zorg weer in elkaar. Ze maakten het ontbrekende houtsnijwerk en brachten het ontbrekende bladgoud aan. Toen deze schatten tenslotte op een van onze grote veilingen verschenen, veroorzaakten ze grote opwinding en maakten prijzen van zes cijfers voor de eigenaar. *Carvers and Gilders* had het werk zoals gewoonlijk voor niet meer dan het uurloon van een loodgieter gedaan.

Maar er komt nog meer. In 1989 kregen ze zomaar onverwacht het grootste eerbewijs. Het kleine groepje ex-studenten ontving, nauwelijks veertien jaar na hun begin, *The Royal Warrant*, het koninklijk embleem. Op hun briefpapier, hun rekeningen en op wat ze maar willen, mogen ze voortaan het koninklijk wapen voeren en de beroemde woorden 'By appointment to HM The Queen'.

Iedere zomer organiseert Liccy een uitje voor de partners en hun leerlingen, en ze gaan altijd naar een mooie plek. Dit jaar gingen ze naar Missenden Abbey, een heel oude abdij aan de rand van mijn eigen dorp Great Missenden. In de tuinen rond de abdij staan reusachtige prachtige bomen die vele eeuwen geleden zorgvuldig zijn geplant door de monniken: eiken, beuken, elzen, kastanjes, ceders en vooral esdoorns. Dit is een foto van de vier *Carvers and Gilders* die met hun leerlingen een picknick-lunch eten onder een eeuwenoude ceder in de abdijtuin en dit is wat Liccy hen voorzette...

CARVERS & GILDERS
WORKS OUTING

Paella Salad
Mini Baguettes

Beef Royal
Tomato Salad
Lucy's Salad
Potato Salad with Crispy Bacon
Dimity's Red & Green Pepper Salad

Berry Salad with Crème Chantilly
Selection of Ice Creams

Elderflower Cordial

Bill

Bob

Liccy

Christine

Cathy

Aasha

Tomatenpasta

PHOEBE

voor 4-5 jampotten

2¼ kilo tomaten
2,2 dl azijn
675 gr suiker
8 gr verse gemberwortel
½ eetlepel hele kruidnagels

1. Pel de tomaten, snijd ze in plakken en doe ze in een pan met de azijn en de suiker.
2. Doe de kruiden in een lapje, bind het dicht en doe het erbij.
3. Kook tot het dik wordt. Steeds roeren anders brandt het aan.
4. Haal het kruidenzakje eruit.
5. Schep het mengsel in schone, hete potten.

Tomaten en appelpasta

PHOEBE

Voor 2 jampotten

450 gr tomaten
450 gr appels
675 gr suiker
sap en geraspte schil van 1 sinaasappel
tomatenpuree

1. Was de tomaten en snijd ze in vieren. Was de appels en snijd ze in plakken.
2. Doe dit in een pan met net genoeg water dat het niet aanbakt. Op matig vuur koken tot het zacht wordt. Af en toe roeren.
3. Wrijf de massa door een zeef.
4. Weeg de puree. Iedere 450 gr vruchten, moet 4,5 dl puree opleveren. Vul eventueel aan met tomatenpuree tot deze hoeveelheid.
5. Roer de suiker, het sap en de geraspte schil van de sinaasappel door de puree.
6. Kook langzaam en voorzichtig tot het dik wordt, ca. 30-45 minuten. Af en toe roeren.
7. In schone, hete potten gieten. Af laten koelen en afsluiten.

Rozebottelgelei

PHOEBE

Voor 2-3 jampotten

450 gr rozebottels
900 gr wilde appels (evt. gewone moesappels)
6 dl water
2-3 citroenen
450-1350 gr suiker

1. Kook de rozebottels in ongeveer 30 minuten in 3 dl water, tot ze zacht aanvoelen wanneer je er met een mes op drukt.
2. Snijd de appels in grove stukken. Niet schillen of boren!
3. Kook de appels zacht in 3 dl water.
4. Doe de rozebottels bij de appels.
5. Giet het in een kaasdoek of *jelly bag* en wring de massa erdoor.
6. Voeg het sap toe van 2-3 citroenen afhankelijk van de hoeveelheid vocht (ongeveer het sap van 1 citroen per 6 dl vocht).
7. Voeg per halve liter vocht 400 gr suiker toe.
8. Roerend op een laag vuur de suiker oplossen.
9. Bind de citroenpitten in een lapje, maak het vast aan het handvat van de pan zodat het in het vocht hangt. Flink koken tot het stijf wordt.
10. In hete schone potten gieten, laten afkoelen en afsluiten.

Ingemaakte ananas met rabarbermoes

PHOEBE

Voor 5-6 jampotten

550 gr verse fijngemaakte ananas
2 dl water
750 gr in stukjes gesneden rabarber
sap en geraspte schil van 2 sinaasappels
1,5 kilo suiker
1 ons geblancheerde amandelen

1. Kook de ananas met het water in een gesloten pan tot hij zacht is.
2. Voeg de rabarber, sap en geraspte schil van de sinaasappels en de suiker toe.
3. Langzaam verwarmen en roeren tot de suiker is opgelost.
4. Snel koken tot het dik en helder geworden is.
5. Doe de amandelen erbij en laat enigszins afkoelen.
6. In schone, hete potten gieten, laten afkoelen en afsluiten.

Ingemaakte meloen met perzikmoes

PHOEBE

Voor 2-3 jampotten

400 gr perziken
350 gr meloen
2 citroenen
675 gr suiker
85 gr gehakte noten

1. Overgiet de perziken met kokend water en pel ze. Snijd ze in stukken. Snijd de meloen in blokjes.
2. Halveer de citroenen, snijd de uiteinden eraf en verwijder de pitten. Hak ze fijn.
3. Doe alle ingrediënten, behalve de noten, in een pan.
4. Langzaam verwarmen en roeren tot de suiker is opgelost.
5. Snel af laten koelen door de pan in een bak koud water met ijsblokjes te zetten, tot het dik wordt.
6. De stukjes noot erbij doen, de moes in schone, hete potten scheppen, af laten koelen en afsluiten.

Kruidige perenjam met ananas

PHOEBE

Voor 4-5 jampotten

1350 gr stevige peren
1 sinaasappel
1 citroen
4 plakken verse ananas (of ongezoete uit blik)
6 kruidnagels
1 kaneelstokje
1 stukje verse gember van 2½ cm
675 gr suiker

1. Was de peren, snijd ze in vieren en verwijder de pitten.
2. Snijd de sinaasapppels en de citroen in vieren, haal het harde puntje eraf en de pitten eruit, en pureer ze in de keukenmachine met de ananas.
3. Doe de peren en de vruchtenpulp in een pan. De kruiden in een dichtgebonden lapje en de suiker erbij doen. 30-45 Minuten laten koken op laag vuur tot het een zachte brij is geworden. Af en toe roeren.
4. In schone potten gieten, laten afkoelen en afsluiten.

Cranberrysaus

ANNE

340 gr verse cranberry's
225 gr suiker
1,5 dl sinaasappelsap
geraspte schil van 1 sinaasappel
0,85 dl water
2 eetlepels port (Ik geloof dat het meestal 3-4 eetlepels werden!)

1. Alle bovenstaande ingrediënten in een pan doen, op een laag vuur zetten en roeren tot de suiker is opgelost.
2. Aan de kook brengen en 20 minuten zachtjes laten koken.

Kan tevoren worden gemaakt en voorzichtig worden opgewarmd. Verrukkelijk bij gans of ham en zelfs bij de gevreesde kalkoen.

Kruisbessenmoes

PHOEBE

Voor 4-5 jampotten

1350 gr kruisbessen
1350 gr suiker
450 gr pitloze rozijnen
sap en geraspte schil van 3 grote sinaasappels
225 gr gehakte walnoten

1. Was de kruisbessen en haal de puntjes eraf.
2. Doe ze in een pan met de suiker, de rozijnen, de schil en het sap van de sinaasappels.
3. 30 Minuten laten koken tot het dik is. Af en toe roeren.
4. Doe de noten erbij en giet het in schone, hete potten, laten afkoelen en afsluiten.

Kruidenmengsels

LIZ

Gebruik gedroogde kruiden in de volgende mengsels. Behalve lavendel, dat slechts zeer spaarzaam gebruikt mag worden, neemt men van alle kruiden gelijke hoeveelheden of naar keuze meer of minder van bepaalde kruiden.

OM TE GEBRUIKEN BIJ:

Vlees:	marjolein, oregano, basilicum, thijm, laurierblad, salie, selderiezaad, en *heel weinig* lavendel.
Vis:	venkel, thijm, laurierblad, citroenverbena, citroenmelisse.
Kip:	dragon, thijm, laurierblad, korianderzaad, citroenmelisse, zwarte peper.
Ei:	dragon, ui, bieslook.
Sla:	dragon, munt, basilicum.
Barbecue:	rozemarijn, thijm, oregano, basilicum, kerriepoeder, marjolein.

Kruidenmengsels

Elizabeth Annesley's makkelijke béarnaisesaus

(6-8 personen)

Verrukkelijk bij koude rosbief of gegrillde steaks.

2 kleine fijngesneden uien
4 eetlepels rode-wijnazijn
1 eetlepel gedroogde gemengde kruiden
4 eierdooiers
285 gr gesmolten warme boter

1. Uien in een pan doen met de kruiden en de wijnazijn en zachtjes laten zweten tot ze zacht zijn.
2. Laten sudderen tot het tot de helft is ingekookt.
3. De dooiers in een keukenmachine een paar seconden kloppen.
4. Langzaam de helft van de hete boter door de dooiers kloppen.
5. Het uimengsel erbij doen.
6. Tenslotte de rest van de hete boter toevoegen.

Amerikaanse mosterdsaus

PHOEBE

Heerlijk bij vis en warme ham.

2,25 dl melk
1 eetlepel maizena
1,1 dl garderoom
2 eierdooiers
1 eetlepel mosterdpoeder
1,1 dl witte-wijnazijn
1 eetlepel suiker
zout

1. Melk aan de kook brengen.
2. Maizena aanmaken met room en op laag vuur door de melk roeren tot het dik wordt.
3. Klop de dooiers met het mosterdpoeder en roer ze door de dikke melk.
4. Wijnazijn, suiker en zout toevoegen en 30 seconden goed roeren over de bodem van de pan om het weer dik te laten worden.

Jinny's uien met rozijnensaus

Deze saus kan heet of koud worden opgediend. Hij smaakt uitstekend bij koude ham.

(10-12 personen)

115 gr rozijnen, gewassen en gedroogd
4 dl port
1 pond gepelde zilveruitjes
(hoe kleiner hoe beter)
55 gr boter
55 gr bruine basterdsuiker
4 dl water

1. Week de rozijnen in de port.
2. Roerbak de zilveruitjes in een beetje boter tot ze lichtbruin zijn.
3. Doe de uien, rozijnen en de rest van de port in een pan met de bruine suiker en het water.
4. Breng het aan de kook en laat het inkoken tot het vocht stroperig wordt.

Liccy's limonade

L.D. Ik heb dit recept bedacht toen Roald een zware maagoperatie had ondergaan en heel zwak was omdat hij wekenlang niet had gegeten. Het was een uitstekende manier om een ei bij hem naar binnen te krijgen zonder dat hij het merkte. Sterk aanbevolen voor zieken.

(2-3 personen)

3 citroenen
85 gr suiker
6 dl kokend water
1 ei
3 ijsblokjes

1. Rasp de schil van 1 citroen. Schil de andere citroenen heel zorgvuldig. Verwijder al het wit.
2. Doe de geschilde citroenen, de geraspte schil en de suiker in het kokend water en mix 1 minuut in de keukenmachine.
3. Het hele ei erbij doen en nog 30 seconden mixen.
4. Zeef het in een glazen kan, doe er ijsblokjes bij en geef het in de tuin op een zomerse dag.

Sleedoorngin

PHOEBE

Deze drank kan het beste een jaar staan voor hij gedronken wordt.

8,5 dl sleedoornbessen, ingeprikt met een stopnaald
1,1 liter gin
340 gr kristalsuiker

1. Doe de sleedoornbessen in een pot en voeg de gin en de suiker toe.
2. De pot goed afsluiten en schudden.
3. De eerste 3 tot 4 maanden af en toe schudden.
4. Zeef de drank na minstens 6 maanden.

Citroendrank met vlierbloesem

AASHA

4 citroenen
1350 gr suiker
55 ml citroenzuur
2,3 liter kokend water
6 bloemschermen van de vlier

1. Pers de citroenen uit en bewaar het sap.
2. Snijd de citroenschillen aan stukjes.
3. Doe citroenschil, suiker, citroenzuur en vlierbloesem in een kom.
4. Giet het kokende water erover.
5. Een nacht laten afkoelen.
6. Druk op de citroenschillen om er zoveel mogelijk smaak aan te onttrekken.
7. Meng het citroensap erdoor.
8. Zeef het vocht en doe het in gesteriliseerde potten.
9. Eventueel verdunnen.

Het kan het beste in de ijskast worden bewaard.

Mousserende vlierbloesemdrank

AASHA

6 bloemschermen van de vlier (Met steel en al. Niet wassen. Ze moeten mooi en gaaf zijn.)
4,5 liter koud water
1 uitgeperste citroen, fijngesneden met pit en al
675 gr suiker
2 eetlepels witte-wijnazijn

1. Alle ingrediënten in een gesteriliseerd emmertje doen. Roeren. Er een doek overheen leggen en vier dagen laten staan.
2. Zeven door een doek en in gesteriliseerde flessen met een schroefdop doen, zoals de flessen die voor mineraalwater of frisdrank worden gebruikt. De prik zal in de fles ontstaan.

Mormors sinaasappelsiroop

10-14 sinaasappels
2,2 dl brandy
1,5 dl water
1500 gr suiker
80 gr citroenzuur

1. Schil de sinaasappels met een dunschiller en doe de schillen in een gesteriliseerde pot met schroefdeksel.
2. De brandy op de schillen gieten, het deksel op de pot doen en flink schudden. Zo minstens een week laten staan. Af en toe schudden.
3. Breng in een pan het water aan de kook, voeg de suiker en het citroenzuur toe en roer tot de suiker smelt.
4. De schillen met de brandy in een grote kom doen. Het vocht uit de pan erover gieten. Roeren. Afgieten door een zeef en in een fles met schroefdop doen.
5. Verdund met water serveren.

Frambozendrank

LIZ

Gebruik dit als drank verdund met water of sodawater, of onverdund als saus over ijs.

1,2 liter witte-wijnazijn
2 kilo rijpe frambozen
700 gr suiker

1. Giet de wijnazijn over de helft van de frambozen en plet de vruchten met een houten lepel.
2. Leg een doek over het mengsel en laat het 2 dagen staan.
3. Het vocht door een zeef wrijven en over de rest van de frambozen gieten. Weer pletten en nog eens twee dagen laten staan.
4. Opnieuw zeven in een pan. De suiker toevoegen en op een laag vuur roeren tot de suiker helemaal is opgelost.
5. Weer zeven en in flessen doen. 1 Maand laten staan vóór gebruik.

Peperwodka

L.D. Dit moet het gemakkelijkste recept van het hele boek zijn. Het is een bijdrage van mijn petekind, Laura Baker. Ik weet niet precies in hoeverre dit een beeld geeft van mijn peetmoederschap, maar er zijn momenten in het leven waarop je dit drankje misschien goed kunt gebruiken.

Doe een rode en een groene peper in een fles wodka. Een week tot een jaar laten staan, afhankelijk van hoeveel je verhemelte kan verdragen. (Veel hangt af van het soort peper dat je koopt. Die kan variëren van heel heet tot mild. Dus kun je daar het beste eerst even naar informeren.) Neem er een klein glaasje van na een zware dag. Sterkte.

Kaasprietjes

ANN TWICKEL

Neem gelijke hoeveelheden: bloem, boter en fijngeraspte oude kaas

1. Kneed boter en bloem licht door elkaar en voeg de kaas toe.
2. Heel dun uitrollen.
3. Op een licht ingevette bakplaat leggen, strookjes snijden met een mes en kort bakken (10 minuten) in een matig warme oven 180°C of stand 4. Maar houd ze in de gaten.

Heerlijk en heel licht.

Mrs. MacPhee

ANN TWICKEL

Ik herinner me Mrs. MacPhee als een nogal onrustbarende Schotse dame met een bazige houding, ze was een uitmuntende kokkin en een fatsoensrakker van de eerste orde. De enige keer dat ze haar koelbloedigheid verloor was toen mijn moeder haar om de een of andere reden mee op reis nam naar Rome. Ze logeerden in hotel Hassler, waar de kok op een dag de kolder in de kop kreeg en haar in de keuken achterna zat met een vleesmes. (Eerlijk gezegd zou ik eerder hebben gedacht dat een Italiaanse kok die een Schotse dame met een grote mond in zijn keuken vond rondscharrelen, haar niet alleen achterna zou zitten met een vleesmes, maar haar ook zou inhalen en afmaken.)

Mrs. MacPhee's scones

Voor 16-20 scones

450 gr zelfrijzend bakmeel
115 gr reuzel
1 theelepel zout
1 ½ theelepel wijnsteenzuur
¾ theelepel dubbelkoolzure soda
melk

1. Oven voorverwarmen op 220°C of stand 7.
2. Zeef het meel en het zout en werk de reuzel erdoorheen met je vingertoppen.
3. Voeg het wijnsteenzuur, de dubbelkoolzure soda en genoeg melk toe om het deeg hanteerbaar te maken.
4. Kneed het drie keer om de lucht er in te laten.
5. Rol het voorzichtig uit, ongeveer 2½ cm dik, en steek er cirkels uit met een uitsteekvorm.
6. Leg de cirkels op een ingevette of met meel bestoven bakplaat. Stuif er bloem over en bak ze in een hete oven, 10-12 minuten.

Eet de koekjes met dikke Devonshire room en frambozenjam.

Arnhemse Meisjes

R.D. Dit is een waar verhaal over de lekkerste koekjes van de hele wereld. Liccy en ik zijn dol op Nederland; het is het enige land waar ik bereid ben één keer per jaar heen te gaan in verband met mijn boeken. Nederlanders, zowel volwassenen als kinderen, zijn gretige lezers; van mijn boeken worden er tot mijn verbazing bijna net zoveel exemplaren verkocht als in Engeland.

Nog niet zo lang geleden gingen we naar Nederland op speciaal verzoek van de Arnhemse kinderboekwinkel om te signeren. In Neder-

land zijn veel boekwinkels met kinderboeken en het aardige daarvan is dat zij speciaal zijn ingericht voor kinderen, met kleine tafeltjes en stoeltjes en lage boekenplanken. Ze hebben soms zelfs kamertjes met hele lage plafonds waar alleen kinderen in kunnen. Dat is allemaal voortreffelijk. Wij gingen dus naar Arnhem en het signeren begon. De rij wachtenden strekte zich uit tot buiten het winkeltje als een lange kronkelende anaconda tot ver in de straat en de hoek om tot in een andere straat. De straat waar de winkel stond, raakte zo volgepakt met kinderen dat het verkeer omgeleid moest worden.

Liccy, die zulke dingen met goedgehumeurde berusting verdraagt, zat in een koffiehuis aan de overkant van de boekwinkel, dronk een kopje lekkere Nederlandse koffie en keek toe door het raam. Plotseling zag ze een moeder met een klein jongetje die niet in de rij maar ernaast stonden. Het jongetje huilde tranen met tuiten en zijn moeder probeerde hem te troosten. Liccy vroeg aan de kelner (die Engels sprak): 'Wilt u alstublieft vragen wat er aan de hand is?'

De kelner ging naar buiten, kwam terug en zei: 'De moeder moet naar haar werk en heeft geen tijd om in de rij te blijven wachten, dus kan het jongetje geen boek krijgen en het laten signeren.'

Liccy zei: 'Wilt u alstublieft even gaan vragen hoe het jongetje heet en wat zijn lievelingsboek is. En wilt u ze vragen even te wachten.' Opnieuw ging de oude kelner naar buiten, kwam terug en vertelde Liccy dat het jongetje Johan heette en zijn lievelingsboek *Sjakie en de chocoladefabriek* was. Nu ging Liccy snel aan de slag. Ze stak de straat over, drong zich door de menigte in de winkel heen naar achteren waar ik handtekeningen aan het zetten was. 'Vlug,' zei ze, 'signeer een

Sjakie voor Johan.' Dat deed ik en zonder dat de jongen en zijn moeder het merkten, nam ze het boek door de menigte heen mee terug naar de koffiebar.

Opnieuw vroeg ze de oude kelner naar buiten te gaan. 'Geef dit boek aan Johan,' zei ze, 'en zeg tegen hem: "Soms gebeurt er wel eens iets op de wereld dat op tovenarij lijkt." ' Door het raam keek ze naar de aardige oude kelner, die er echt plezier in had gekregen. Ze zag hem zijn hand uitsteken en Johan het boek voorhouden, opengeslagen bij de eerste bladzijde met zijn naam en de opdracht. Ze zag zijn lippen bewegen toen hij de boodschap overbracht. Meteen daarna zag ze een blik van volslagen ongeloof van het jongetje, de openhangende mond van de moeder en de verwondering op hun gezichten toen ze langzaam wegliepen terwijl het jongetje het boek opengeslagen voor zich hield alsof het iets heiligs was. Het fantastische van Liccy is dat ze altijd verrassende dingen bedenkt om andere mensen gelukkig te maken.

Maar nu terug naar de koekjes. Dichtbij de boekwinkel is een banketbakker die Hagdorn heet, Grote Oord 14, en terwijl ik daar zo zat te signeren stuurde de eigenaar me een cadeautje, een doosje van zijn eigen speciale koekjes die *Arnhemse meisjes* worden genoemd. Terwijl mijn rechterhand handtekeningen zette, deed mijn linkerhand de doos open en viste een van de koekjes eruit. Het was een plat, dun, ovaal koekje met suikerkristallen erin gebakken. Ik knabbelde eraan. Ik knabbelde er nog eens aan. Ik proefde het langzaam. Ik nam een grote hap en kauwde. De smaak en de substantie waren onbeschrijfelijk. Dit, zei ik tegen mezelf, is het lekkerste koekje dat ik ooit van mijn leven heb gegeten. Ik nam er nog een en nog een en bij ieder koekje werd ik zekerder van mijn zaak. Ze waren gewoonweg verrukkelijk. Ik kan niet precies zeggen waarom, maar alles aan die koekjes – hun knapperigheid, hun smaak, de manier waarop ze op je tong smolten – maakte dat je niet op kon houden met eten. De dame van wie de boekwinkel was, stond naast me. 'Ze zijn heerlijk,' zei ik,

'O, maar ze zijn dan ook beroemd, die koekjes,' zei ze. 'Heel Nederland kent de Arnhemse Meisjes. De eigenaar maakt ze zelf.'

'Zou u hem misschien willen vragen of ik het recept mag hebben?' vroeg ik.

Ze ging weg en kwam tien minuten later terug met het beroemde recept, dat de banketbakker in het Nederlands had opgeschreven. Het kostte niet veel moeite om het recept vertaald te krijgen toen we terugkwamen in Gipsy House, want in die tijd was Lori, een Nederlands meisje, onze huishoudster. Sindsdien hebben we deze koekjes vele malen gemaakt en al waren de onze nog zo goed, we zijn er nooit in geslaagd de kwaliteit van die in Arnhem te evenaren. Maar probeer ze toch maar te maken. Ze zijn het zeker waard, ook al lukken ze niet helemaal. En als je ooit naar Nederland gaat, maak dan een speciale trip naar Arnhem om banketbakkerij Hagdorn te bezoeken waar je de echte kunt kopen. Ze zijn hemels. Dit is het recept.

Arnhemse Meisjes

ALBERT HAGDORN

Het deeg kan het beste een nachtje rusten dan is het gemakkelijker te verwerken.

Voor 35-40 koekjes

190 gr bloem
1 dl melk
4 druppels citroensap (zo nodig later meer)
5 gr verse gist
105 gr ongezouten boter (verdeeld in 5 stukjes)
snufje zout
het werkvlak bestrooien met kristalsuiker in plaats van bestuiven met bloem (ik heb met een deegrol geplette suikerklontjes gebruikt)

1. Meng bloem, melk, citroensap, zout en gist.
2. Klop met een elektrische mixer 2 minuten op hoge snelheid een van de stukjes boter door het mengsel. Doe hetzelfde met de andere klontjes boter.
3. Wikkel het deeg in plasticfolie en laat het een nacht in de ijskast staan.
4. Oven voorverwarmen op 140°C of stand 1. De bakplaat bedekken met vetvrij papier.
5. Bestrooi het werkvlak met kristalsuiker en rol het deeg over de suiker uit. Nog wat suiker eroverheen strooien en verder uitrollen tot het heel dun is.
6. Met een uitsteekvorm koekjes uitsteken. (De oorspronkelijke vorm is ovaal.)
7. Leg de koekjes op de bakplaat en strooi er nog wat suiker over.
8. 30-40 Minuten bakken, of tot ze goudbruin zijn.

Cinda

L.D. Cinda is een Spaanse die acht jaar lang de kinderjuffrouw van mijn kinderen was en nog steeds troost en luistert ze en deelt ze standjes uit. Ze hebben hun hele leven van Cinda's kookkunst gehouden en dit boek zou dan ook onmogelijk kunnen verschijnen zonder een van haar recepten erin. Ze waren allemaal dol op deze cake, vooral gedoopt in dikke, hete chocolademelk op zijn Spaans.

De cake is de luchtigste die ik ken. Hij is droger dan de madeiracake. We hebben deze cake vaak warm gegeten, gewoon omdat we niet langer konden wachten, zo heerlijk rook hij.

Cinda's cake

(8-10 personen)

Ongeveer 6 eieren (samen moeten ze 450 gr wegen)
450 gr basterdsuiker
340 gr zelfrijzend bakmeel
een scheutje brandy

1. Oven voorverwarmen op 180°C of stand 4.
2. Een hoge ronde cakevorm van 25 cm diameter invetten.
3. Splits de eieren. Klop in een grote kom de dooiers met de suiker tot het dik en schuimig is.
4. Klop de eiwitten stijf tot het pieken vormt.
5. Spatel voorzichtig het eiwit door het dooiermengsel. Het moet goed gemengd zijn.
6. Voeg langzaam, steeds kloppend, het meel toe.
7. Doe er tenslotte een scheutje brandy bij.
8. In de ingevette vorm doen en ongeveer 1 uur bakken tot een erin gestoken breinaald er schoon uitkomt.
9. Haal de cake uit de oven, schud hem uit de vorm op een doek, vouw de doek dicht en laat afkoelen.

Cinda's hete chocolademelk

(2-3 personen)

50 gr Viso (Spaanse) of 100 gr
Bournville chocolade
6 dl melk

1. Rasp de chocolade.
2. Verhit de melk in een steelpannetje.
3. Voeg de geraspte chocola toe en breng al roerende aan de kook.
4. 4 Minuten laten koken.
5. Schenk het in mokken.

Paaskoekjes

MARWOOD YEATMAN

Voor ca. 30 koekjes

450 gr bloem
beetje geraspte nootmuskaat of kaneel
225 gr ongezouten boter
225 gr basterdsuiker
3 eierdooiers
55 gr krenten

1. Zeef het meel en voeg de kaneel of nootmuskaat toe.
2. Werk de boter erdoor en daarna de suiker, de dooiers en de krenten.
3. Laat het deeg in een plastic zak op een koele plaats 2 uur rusten.
4. Oven voorverwarmen op 190°C of stand 5.
5. Rol het deeg uit tot een dikte van ca. ½ cm, en steek er ronde koekjes uit met een uitsteekvorm of een glas van 5 cm diameter. Leg ze op een ingevette bakplaat met genoeg ruimte ertussen dat ze kunnen rijzen.
6. Bak ze 8-10 minuten.
7. Laten afkoelen en meteen opeten of bewaren in een luchtdichte doos.

Zoeloe-brood

JINNY ASH

1 theelepel gedroogde gist
30 ml handwarm water
1 eetlepel honing
1 eetlepel margarine
1 theelepel zout
350 gr zo grof mogelijk volkorenmeel
150 gr bloem
1 ruime hand zonnebloempitten plus nog
wat voor bovenop

1. Vet een broodvorm in van 20 bij 13 cm.
2. Los de gist op in het water met de honing en de margarine.
3. Kneed de rest van de ingrediënten erdoor.
4. Doe het deeg in de broodvorm.
5. Laten rijzen op een warme plaats tot het twee keer zoveel is geworden.
6. Oven voorverwarmen op 200°C of stand 6.
7. Bestrooi de bovenkant met de extra zonnepitten.
8. 1 Uur laten bakken.

Smeer er dik boter op en kauwen maar.

HET GALGEMAAL

R.D. Toen ik jong was werden veroordeelde moordenaars nog opgehangen. Er was een officiële beul die van gevangenis naar gevangenis ging om zijn gruwelijke beroep uit te oefenen, en zijn naam was al even bekend bij het publiek als tegenwoordig de naam van een popster. Onze man heette Pierrepoint. Ziet u wel, ik herinner het me nog steeds. En het verhaal ging dat de veroordeelde de avond voor zijn executie altijd zelf mocht kiezen wat hij wilde eten. Ik denk niet dat veel van hen Beluga Malasol of zelfs kreeft kozen, maar ze kregen waar ze om vroegen. Het was een oude gevangenistraditie.

De bedoeling van dit hoofdstukje is een paar bekende vreetzakken te vragen wat zij als galgemaal zouden kiezen. Het is maar een grapje, maar toch wel aardig.

Ik ben bang dat ik meteen de regels overtrad toen het aan mij werd gevraagd, maar nou ja. Dit werd het:

Een heerlijke maaltijd bestaat maar voor vijftig procent uit lekker eten; hij blijft je bij niet alleen door wat je at, maar ook door de persoon waar je mee was en de sfeer en de omgeving waarin je zat te eten.

In het zuiden van Portugal was er een maaltijd in een leeg restaurantje op een balkon dat zich hoog verhief boven een diepe kloof, in de avondzon die alles roodgoud kleurde. Ik at daar samen met Liccy, in een doodse stilte, eerst een mollige zeetong zó uit de Atlantische oceaan en dronk daarbij een fles van die groenige plaatselijke wijn waarin je een vleugje angelica ruikt wanneer je het glas onder je neus houdt. En de tong werd gevolgd door een amandeltaart, gebakken door de vrouw van de eigenaar, zoals nog nooit iemand heeft geproefd (zie blz. 176 voor onze versie van het recept). Doe al deze ingrediënten bij elkaar en er ontstaat een volmaakte en onvergetelijke maaltijd.

Een andere keer, ook met Liccy, ergens in Frankrijk, kregen we een dikke moot gepocheerde tarbot die bijna rauw was van binnen, maar wonderlijk genoeg toch overal gloeiend heet, met daarbij een uiterst fijne waterkerssaus. Verder nog alleen een fles Grand Cru Chablis Les Clos.

Dan was er ook nog het diner van mijn neef Finn in Noorwegen ter gelegenheid van de opening van het rivierkreeft-seizoen, met de hele familie in het beroemde restaurant bovenop de Holmenkollen bij Oslo. Op de reusachtige schaal in het midden van de tafel lag een bijna een meter hoge berg van tientallen rivierkreeftjes die 's ochtends waren gevangen. Je kon er net zoveel eten als je maar wilde, waarbij je de staarten in een simpele mayonaise doopte, gemaakt van een eerste persing olijfolie, met daarbij een goede, ijskoude Riesling.

Middenin Newfoundland, dat wij te voet verkenden toen ik 17 jaar oud was, in 1933, viste ik in een klein meertje waar nooit eerder door iemand was gevist, dat zelfs nooit eerder door iemand was gezien, en ving twaalf grote regenboogforellen. Ik nam ze mee terug naar de andere elf leden van onze expeditie bij het kampvuur, waar we ze schoonmaakten en bakten in de gloeiende houtskool. Daarna aten we ze op, de man een vis, zonder iets erbij, omdat we niets anders hadden. De vis was niet roze, maar dieprood en voor de eerste en denk ik enige keer in mijn leven besefte ik wat een krachtige en toch subtiele smaak een wilde, volkomen verse forel heeft. In restaurants smaken forellen naar niets anders dan de saus waarin ze worden opgediend, of naar de groenten eromheen, en het zijn tegenwoordig trouwens louter met korrels gevoerde, grijze kweekvissen, heel anders dan die verrukkelijke prachtvissen uit de wildernis van Newfoundland.

Een gerecht dat niemand van mijn familie ooit zal vergeten, was de ptarmigan, die mijn moeder altijd aan het einde van de zomervakantie uit Noorwegen meebracht. Ptarmigan is een Noors soort korhoen, maar hij heeft een wat rijkere smaak dan zijn Engelse neefje en wanneer mijn moeder hem klaarmaakte, altijd in een casserole (zie het recept op blz. 61) en opdiende met lichtbruine, romige jus en gebakken krielaardappeltjes, dan wist je niet wat je proefde!

Dat zijn de maaltijden die ik me herinner en graag nog eens zou willen eten, maar helaas, niets van zulke grote klasse is ooit voor herhaling vatbaar. We zullen het moeten doen met onze herinneringen.

JONATHAN CAPE LIMITED
TWENTY VAUXHALL BRIDGE ROAD
LONDON SW1V 2SA

Telephone 01-973 9730
International + 44 1 973 9730

Telex 299080 RANDOM G
Fax 01-233 6117

August 7th 1990

Before contemplating what I would choose for my 'last supper' I would like to propose the location. My choice is a Victorian stone cottage I have owned since the age of 19. It is in the Welsh Black Mountains. On a mountain. Surrounded by sheep and wild ponies. This is a place for 'real food'. Please could it be a cassoulet. The ingredients I particularly delight in are smoked ribs of pork (Kassler Ripschen), goose (as opposed to duck) and a variety of spicy sausages. I like the beans to be firm and crispy on top. The dish should taste as if it has been on the go for several days. The starter must not take the edge off my appetite! An oeuf en gelée would be perfect. Could the yolk be poached so that it remains runny and the jelly not too thickly set. To finish the meal I would like a lemon soufflé. Just plain (no liqueurs) with the top slightly browned and the sides of the dish buttered and coated with sugar so that the soufflé sticks to them. And I will make a pig of myself and scrape the sides of the dish. And may I drink a Vosne Romanée please.

Tom Maschler

DIRECTORS: Georgina Capel Tim Chester Anthony Colwell Peter Dyer David Godwin Rachael Kerr Tom Maschler Gaye Poulton · Graham C. Greene
Registered in England under no. 195767. Registered office: 32 Bedford Square London WC1B 3SG

John le Carré

Dear Roald D.,

First to the menu:

'In the hope that I would soon be restored to the innocence of childhood, I would go for a nursery meal of the sort you can still get at The Connaught: roast lamb + roast potatoes, followed by bread and butter pudding. But I would wish it to be served by a very young, very pretty Nanny.'

How funny that you live in Great Missenden. The first house I owned was a foul little bungalow in South Heath. I wrote my first book on the train between G.M + Marylebone. I went back not long ago + there were pixies in the next door garden.

All good wishes to you + your wife.

Best

David C.

Peter Ustinov

THE HANGMAN'S DINNER

My choice of food and drink would not be exceptional in any way. There is nothing like a sense of occasion to make one nervous. I would certainly decline the statutory last cigarette, since the Surgeon-General has warned me that it can be bad for my health. I would also decline the last cigar, since it's slow burning, and only heightens the tension.

I would probably start dinner with a lentil soup, not because it is necessarily my favourite, but because it is relatively rare, and I am always delighted to find it on a menu.

I would avoid meat. On the eve of being hanged does not seem the right moment for carnivorous excess. Fish I would equally avoid, since their remote, cold quality can easily be thought of as sepulchral under such conditions.

A plate of crudités would perhaps suffice to make a more thorough acquaintance of roots, leaves, herbs and weeds into whose realm we all eventually disintegrate.

I don't eat sweets (much), but a coffee might be wise

2.

in order to keep me awake.

Why?

I'm an optimist.

After all, I've done enough movies to know that the reprieve will be forthcoming in the last moment, which will allow me to have a really good dinner of celebration tomorrow.

But, of course, the authorities may not have read the script. That's why I have to keep awake all night, planning my escape. You can rely on no one in this mournful world. Make that two coffees. And is there such a thing as a saw in the kitchen?

Dear Liccy

It was a very great pleasure to see you again at the Sunday Express Awards and I have been giving some thought to my menu for my last meal. I am afraid it is rather conventional and also rather long, but I am unrepentant as I presumably wouldn't have to worry about putting on weight.

I would like to begin with asparagus with melted butter and to follow it with melon and prosciutto. Then, for the main part of the meal, I would have roast duckling with sage and onion stuffing, new potatoes and peas. This would be followed either by a lemon tart or by ~~strawberries~~ raspberries with thin cream, and I would end with a savoury of field mushrooms on toast.

The most important thing about the meal is that all the vegetables should be freshly dug or picked immediately before the meal, preferably from a garden.

I am giving some thought to the wines I would drink with the meal and shall append them to the letter when I have made up my mind.

Please thank Roald for his two letters. I am relieved that you didn't actually want a recipe as my cooking tends to be pretty basic and relies more on luck than on instructions.

With love to you both,

Affectionately,

Phyllis

Phyllis White

P.S. I should like Le Montrachet with the asparagus & prosciutto and with the duck either Cheval Blanc 1947 or Petrus 1961 (why not?!) This is a fascinating subject. An ideal meal depends so much on place and mood. I might be equally happy with a Southwold undyed kipper, lightly poached, with freshly baked brown bread & unsalted butter, washed down with plenty of Indian tea!

P.D. James

Lionel Jeffries

LIONEL JEFFRIES

March. 25. 90.

My dear Liccy,

For my "Last Supper" I should like

One pot of best Caviar, toast, chopped hard boiled eggs, one thinly sliced onion, and one bottle of Pouilly Fumé.

Please send the bill to your husband, my very good friend Roald Dahl.

Yours sincerely,

Lionel Jeffries.

The Chantry,
Bisley, near Stroud
Gloucestershire
GL6 7AQ

20th April 1990

Roald Dahl Esq.,
Gipsy House,
Great Missenden,
Buckinghamshire.

Dear Roald

Thank you for your lovely letter.

I am very honoured to be part of your cookery book, but I'm rather shamingly greedy when it comes to food. I think my ideal dinner would be Mediterranean prawns and lashings and lashings of mayonnaise, proper mayonnaise, made no doubt, with salmonella eggs, and then about three pounds of asparagus dripping in butter and then I'd like lobster thermidor, because I absolutely adore it and an enormous green salad, and then probably chocolate mousse and then I'd probably be sick after that, and then retire for the rest of the evening, which I don't think is probably what you want. But that's what I'd like best. Maybe if it was a 'last supper', it would probably finish me off altogether, which would be a good way to go.

Lots of love,

Jilly

JILLY COOPER.

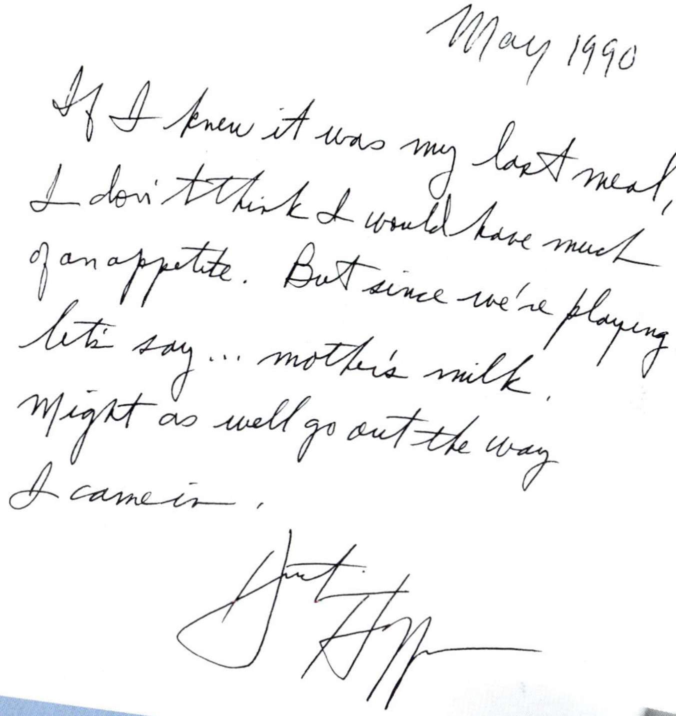
May 1990

If I knew it was my last meal, I don't think I would have much of an appetite. But since we're playing, let's say... mother's milk. Might as well go out the way I came in.

Dustin Hoffman

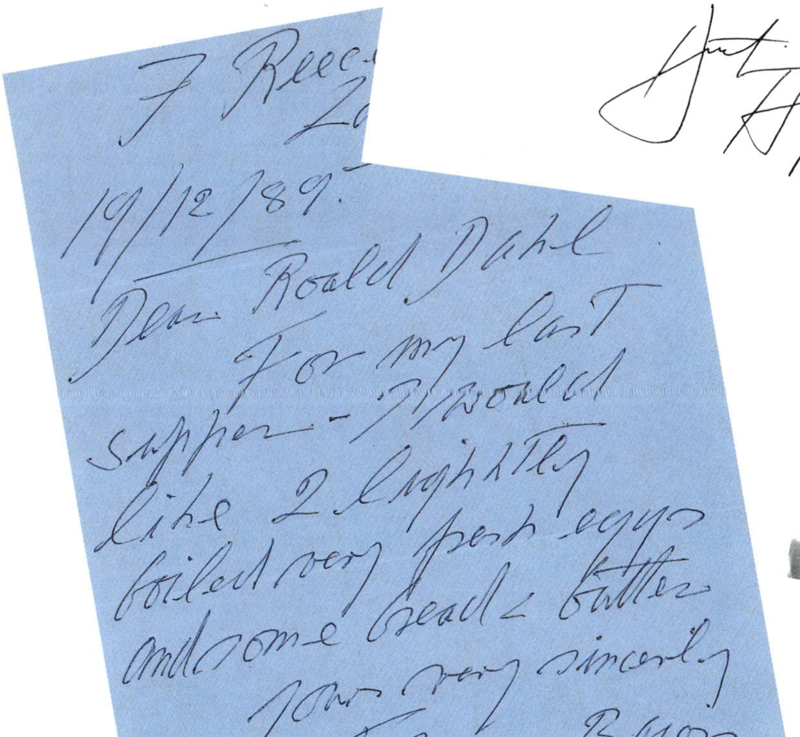
7 Reec
Lo

19/12/89.

Dear Roald Dahl
For my last supper – I would like 2 lightly boiled very fresh eggs and some bread & butter
yours very sincerely
Francis Bacon

Dustin Hoffman

Francis Bacon

October 1990

Dear Roald & Liccy:

I would like to begin by cheating straightaway — that is, may my Supper be a Lunch? If so —

Marinière de coquillages

A Fresh crab (each) with mayonnaise

Pouilly or Chablis OR (for reasons of sentiment) Blanc Marine de Pays Charentais

Roast Guineafowl / green salad

Savigny les Beaunes

petits suisses or fromage blanc with cream

Peaches & Grapes

Sauternes or Barsac or Cérons

All this is out of doors and I am assuming that there are no wasps or mosquitoes. I shan't mind a few large black bees bumbling in the wisteria.

All right?

love Quentin

Quentin Blake

WIJN IN GIPSY HOUSE

R.D. De meeste mensen ontwikkelen in hun leven een aantal diepe en blijvende interesses waar ze als amateur toch aardig wat van te weten komen. Mijn voornaamste belangstelling gaat al vele jaren uit naar twintigste-eeuwse schilderijen, achttiende-eeuwse Engelse meubels, tuinieren, orchideeën, muziek en wijn. Mijn interesse voor wijn ontwikkelde zich het eerst, toen ik een jaar of dertig was, vlak na de oorlog, en is sindsdien ieder jaar sterker geworden.

De overleden en diepbetreurde Alfred Knopf, mijn Amerikaanse uitgever in die dagen, was de eerste die mij in de geheimen van wijn inwijdde. Hij was een beroemd fijnproever en verzamelaar van zeldzame wijnen, en steeds wanneer hij een fles opentrok in zijn huis in Purchase, New York, zijn glas begon te draaien, te snuffelen en te proeven, keek ik gefascineerd toe. Hij wist zoveel van wijn en hield er zoveel van dat hij mij zijn tovercirkel binnentrok en ik zijn volgeling werd.

Zo ontmoette ik Alfred voor het eerst. Ik woonde in een klein flatje in New York en was net klaar met mijn tweede boek verhalen *Someone like you (Mijn liefje, m'n duifje)*. Zowel mijn agent als ik vroegen ons af welke uitgever het minst geneigd zou zijn het af te wijzen. Mijn eerste boek *Over to You (Over en sluiten)* was in New York gepubliceerd bij Reynall & Hitchcock, maar die zaak was op de fles. Dus dachten wij, of in ieder geval ik, diep na over het probleem een uitgever te vinden voor mijn nieuwe boek. Toen ging op een morgen de telefoon in mijn flat.

'Hallo,' zei ik.

'Meneer Dahl?'

'Ja.'

'U spreekt met Alfred Knopf.' (Alfred vertelde me veel later dat hij nooit schrijvers door zijn secretaresse liet opbellen. Hij vond het erg onbeleefd een ander te laten wachten met 'Een ogenblikje, alstublieft, meneer Knopf wil u spreken.')

Ik was zo onder de indruk zomaar te worden aangesproken door de meest gevierde uitgever in Amerika dat ik zei: 'Kom nou. Maak dat de kat wijs.'

Hij negeerde dat en wond er geen doekjes om. 'Ik heb zojuist,' zei hij, 'in mijn bad, tussen haakjes, een verhaal van u gelezen in de *New Yorker*, met de titel *Taste*. Hebt u er nog meer?'

Ik vertelde hem dat ik een heel pak verhalen had die wachtten op een uitgever.

'Ik zal ze uitgeven,' zei hij.

'Maar u hebt ze nog niet gelezen,' stamelde ik.

'Ik zal ze uitgeven,' herhaalde hij. 'Kunt u het manuscript vandaag naar mijn kantoor brengen?'

Dat was één Alfred Knopf-verhaal. Hier is er nog een. Alfred Knopf gaf een keer een heel deftig diner in het Commodore Hotel in New York voor ongeveer veertig gasten. Het was op de dag dat mijn nieuwe boek *Kiss kiss (Op weg naar de hemel)* uitkwam en vóór de gasten binnenkwamen had hij exemplaren van mijn boek over de tafel verspreid, voor iedere gast een. Het was heel aardig van hem om zoiets te doen voor zijn jonge auteur. En daarom was ik, denk ik, zo kwaad over de wrede, kwetsende manier waarop de Franse ambassadeur de arme Alfred te kakken zette op wijngebied. Het ging zo. Alfreds vrouw, Blanche, was een kettingrookster, en toen de Mouton Rothschild 1929 rond de tafel met veel eerbied werd ingeschonken en geproefd, zat Blanche te paffen en grote rookwolken uit te blazen. Ik herinner me hoe Alfred met zijn hand voor zijn gezicht wuifde en mompelde: 'Hoe kunnen we in hemelsnaam de wijn proeven met al die smerige rook in ons gezicht?' Waarop de Franse ambassadeur zei: 'Dat maakt heus niets uit, beste Alfred, na al die azijn in de sla.' Hij had gelijk, maar het was een rotstreek het te zeggen.

Ik zei al dat Alfred Knopf me inwijdde in de ware geheimen van wijn, maar dat onderwerp was me al eerder gaan fascineren. In 1947 schreef ik het verhaal *Taste*, dat hierboven al genoemd is, dat eerst werd aangekocht door Harold Ross voor de *New Yorker*. Ross was zo onder de indruk van de grote kennis op wijngebied die deze jonge Engelsman in dit verhaal demonstreerde, dat hij me uitnodigde voor de lunch in de Algonquin met James Thurber. Dat was het grootst mogelijke eerbewijs voor iemand die in de *New Yorker* schreef in die opwindende Harold Ross/James Thurber dagen. Toen Ross me vroeg waar ik zo jong als ik was al die kennis op het gebied van Bordeaux had opgedaan, moest ik bekennen dat ik het allemaal uit een boek had.

'Maar het is een heel ingewikkeld wijnverhaal,' zei hij. 'Hoe wist je nou dat er geen fouten inzaten?'

'Dat wist ik ook niet,' zei ik. 'Maar ik was in Londen toen ik het schreef en ik kreeg het adres van de beroemdste wijnexpert ter wereld in die tijd, André Simon. Toen ben ik gewoon naar zijn huis gegaan, heb aangebeld en gevraagd of hij zo vriendelijk wilde zijn mijn verhaal te lezen en de feiten na te kijken.'

'Dat was ook brutaal,' riep Ross. 'Die man is een soort afgod in de wijnwereld. Heeft hij je eruit gegooid?'

'Hij was erg aardig,' zei ik. 'Hij wist niets van me af, maar hij zei dat hij mijn verhaal zou lezen en dat ik de volgende dag terug kon komen om zijn oordeel te horen.'

'En wat gebeurde er de volgende dag?' vroeg Ross.

'André Simon vroeg me: "Hoe komt het dat je zoveel van wijn afweet?" Ik vertelde hem dat ik het allemaal uit zijn bekende boek had gehaald. Hij brulde van het lachen, klopte me op mijn hoofd en zei: "Geen wonder dat je informatie zo goed klopt!" '

Onder ons huis is een mooie grote kelder, waar de temperatuur zomer en winter zo'n 13°C is. Dat is onweerstaanbaar verleidelijk voor een wijnverzamelaar. Toen ik begon met verzamelen waren er nog geen grote wijnveilingen bij Sotheby's of Christie's. De enige die regelmatig werd gehouden, was die van Restells. Restells was een kleine familiezaak die om de veertien dagen een veiling hield in Beaver Hall in de City van Londen. Deze veilingen werden bijna uitsluitend door handelaren en winkeliers bijgewoond, maar niemand maakte er ooit bezwaar tegen dat een jonge amateur zoals ik zich tussen hen in drong. We zaten op houten banken in een enorm amfitheater dat toebehoorde aan de Hudson Bay Co. en gebruikt werd om de bontvellen van duizenden diertjes te veilen. Op het podium leidde de hoffelijke oude meneer Restell het gebeuren.

Dit vond vlak na de oorlog plaats, een jaar of veertig geleden, toen invoerrechten nog te verwaarlozen waren en er nog geen rage voor wijn bij het grote publiek was ontstaan. De prijzen waren belachelijk laag en je zou nooit geloven wat ik daar bijna voor niets op de kop wist te tikken. Goede Bourgogne en Bordeaux gingen van de hand voor minder dan een pond per doos. Daarna reed ik de wijn altijd naar huis achter in mijn oude Morris stationwagon en vulde er mijn kelder mee.

Mijn grote liefde is altijd de Bordeaux geweest. Een goede Bordeauxwijn heeft iets mysterieus, een magische aura die geen andere wijn ter wereld bezit. Geheimzinnige veranderingen vinden plaats in de vruchten en het looizuur wanneer de fles jarenlang rustig in je kelder ligt. Vaak blijft de wijn tien of meer jaar gesloten en afstandelijk en al die tijd zijn geheime chemische processen werkzaam die hem langzaam veranderen in een glorieuze en gecompliceerde nectar. Het is ook heel wonderlijk hoe de wijn zich opent nadat hij in een glas is geschonken, dat duurt soms wel tien tot twintig minuten. Het zijn deze dingen die de liefhebber van Bordeaux zo boeien.

Nu ik oud word en wat meer geld kan uitgeven, heb ik geleidelijk enkele heel goede wijnen kunnen opslaan. De wijnen van 1959 en van '61 en '70 zijn allemaal opgedronken, maar gelukkig heb ik een grote slag geslagen met de wijn van 1982 en ik heb ongeveer 1000 dozen gekocht van dit voortreffelijke wijnjaar *en primeur*, toen de wijn nog in het vat zat en de prijs nog betaalbaar was. De Amerikaanse wijnschrijver Robert Parker was de eerste die me attent maakte op de kwaliteiten van dat jaar, maar omdat de druiven nog maar net geperst waren en in vaten gedaan, durfde ik niet op het advies van één man af te gaan. Dus belde ik mijn vriend Bruno Prats op, de eigenaar van de mooie tweede-groei Château Cos d'Estournel, om het te controleren. Bruno vertelde me door de telefoon dat zijn '82 de beste wijn was die hij ooit had gemaakt en voorspelde dat het een van de grootste wijnjaren van de eeuw zou worden.

Dus gaf ik mijn enorme bestelling op bij een van de *en primeur* handelaren en telde er met plezier meteen het geld voor neer ondanks het feit dat het twee jaar zou duren voor de wijn mij zou bereiken. De wijnen van 1982 die ik kocht waren:

Mouton Rothschild
La Fleur
Cos d'Estournel
Leoville Les Cases
Pichon Longueville Lalande
La Mission Haut Brion
Certain de May
Leoville Barton
Canon
Branaire Ducru

en ook wat *cru bourgeois*:

De Sales
L'Angelus
Beauregard
Du Tailhas

De ingang van onze kelder is lang en steil en het is geen lolletje daardoor naar beneden te strompelen met een volle doos wijn. Dus liet

ik vóór de komst van mijn 1000 dozen, door een timmerman een houten glijbaan aanbrengen waarlangs de dozen naar beneden konden glijden. Dat maakte alles een stuk gemakkelijker toen de grote lading uit Frankrijk eindelijk arriveerde.

De meeste van deze geweldige wijnen liggen nog te rijpen in de kelder en de meeste grote wijnen zullen pas in 1995 of 2000 gedronken kunnen worden. Maar de *cru Bourgeois* is al verrukkelijk en die drinken we voortdurend. Zo nu en dan pikken we een fles van de grotere, en het is heel intrigerend van maand tot maand te volgen hoe de wijn aan het veranderen is, hoe je het looizuur steeds minder proeft en de vruchten de overhand krijgen. Ik besef heel goed wat een geluksvogel ik ben om op deze manier te kunnen 'spelen' met grote wijnen. Maar ik heb het heus niet te danken aan mijn eigen slimheid. Ik ging gewoon op het advies af van geïnspireerde deskundigen en was bereid een groot deel van mijn spaargeld te besteden aan deze fantastische liefhebberij.

Geen avondmaal wordt gegeten in Gipsy House zonder wijn erbij. Wanneer de jaren voorbijgaan en de grote wijnen van 1982 vol en rijp worden, zal het heerlijk zijn ze vrijuit te kunnen drinken met de gedachte hoe weinig ze gekost hebben toen we ze lang geleden kochten. Dat is het prettige van goede Bordeaux: het gaat je leven lang mee. En in mijn geval, vrees ik, nog vele jaren langer. Goede Bordeaux kan, net als port en het planten van bomen, een geschenk voor je kleinkinderen zijn.

MAALTIJDEN VOOR HONDEN

R.D. We willen dit kookboek graag laten eindigen met een paar recepten en commentaar van de viervoeters in de familie, Eva, zeventien jaar oud, Chopper, viereneenhalf, hun neven en hun grote vriendin Heidi.

De volgende Hoogstaande Honden Hapjes zijn geschreven door mijn nichtje Atty, een groot liefhebster van dieren, vooral van haar honden.

Hoogstaande Honden Hapjes

ATTY NEWMAN

1. Zorgvuldig opgekweekte en verzorgde rijen peulen plunderen... Stiekem de zachte en verrukkelijke topjes van de asperges afhappen – en de houtige stelen voor ons achterlaten...
2. Het afslanken van de voor mensen bestemde (liefst organische) vleesragoût. Bedacht door ere-hondekok Alfhild:
3. Een handvol traditionele vitaminekoekjes.
4. Pips speciale dieet voor de pancreasproblemen van de ouderdom (die een soort hondenhysterie veroorzaken) is een kleine dagelijkse kwak meervoudig onverzadigde vetzuren voor de droge, levenloze vacht.
5. En geen chocola, zoals de honden van de Dahls!

Wij (mensen en dieren) beseffen wat een geluksvogels we zijn dat we elke dag goed kunnen eten, dus geven we regelmatig een bijdrage aan liefdadige organisaties voor minder gelukkige mensen en dieren in dit land en daarbuiten.

Chopper en Eva

Minder hoogstaande honden hapjes

R.D. Daar komen de herrieschoppers aan – Eva, Chopper en Heidi.

De honden die in ons huis wonen hebben dezelfde filosofie over eten als de mensen. Als iets lekker is – zoals bijvoorbeeld chocolade – dan eten zij (en wij) het en het dondert niet wat ervan komt. Onze honden zijn van mening dat het leven toch maar kort is en dat je er het beste van moet maken zolang je de kans hebt. Onze honden geloven dat etenstijd de beste tijd in het leven is. Ze mogen niet bedelen wanneer wij aan tafel zitten, maar zodra het middag- of avondeten is afgeruimd, komen ze hun portie smarties halen, vier voor Chopper en zes voor Eva. Het kaakje op de bonenzak 's avonds laat is ook een hoogtepunt en vooral Chopper wordt bijna hysterisch wanneer de kaakjes eraan komen. Je moet niet vergeten dat honden minder vaak eten dan wij en dat het moment van eten dan ook des te opwindender is. Ik denk wel eens dat honden zelfs nog meer plezier beleven aan eten dan vreetzakken zoals wij.

De grote hond op de foto is Heidi, die een grote vriend van Chopper en Eva is geworden tijdens het maken van dit boek. Ze is de hond van Jan, de fotograaf, en heeft honderden uren hier doorgebracht als welkome bezoekster, altijd even charmant, rustig en goedgemanierd, wat meer is dan ik kan zeggen van onze weerzinwekkende, maar allerliefste dieren.

Eva, Heidi en Chopper

MEDEWERKERS

We danken alle medewerkers en vrienden van onze familie voor de recepten die ze voor dit boek hebben afgestaan. Boven de recepten staan alleen hun voornamen, hierna worden ook hun achternamen genoemd.

De familie

Tessa Dahl, Sophie Holloway, Ophelia Dahl, Theo Dahl, Lucy en Michael Faircloth, Neisha Barranco, Charlotte Crosland, Spiv en Marius Barran, Ann Twickel, Clare McLaren, Else Logsdail, Alfhild Hansen, Astri Newman, Asta Anderson, Lou Pearl, Anna Corrie, Rose Holbrook.

Vrienden

Quentin Blake, Marwood Yeatman, Pip Hickmott, Phoebe Cavenagh, Liz Delaforce, Cinda Perez, Anne Bird, Callie Hope-Morley, Sandy Andersen, Virginia Johnson, Sarah Freeth, Lori Wijnnobel, Kathy Tully, Ali Watkinson, Mr. Wells, Irma, Jennifer Neelands, Virginia Ash, Fran Collins, Dimity Huntingdon, Marianne Ford, Penny Minto, Liz Annesley, Aasha Tyrell, Priscilla Berens, Laura Baker, Ruth Parish, Jinny Ash, Peter Carson.

De vakmensen

We willen ook de echte vakmensen bedanken, zij waren zo vriendelijk ons hun recepten in dit boek te laten opnemen, recepten die we vaak gebruiken en waarvan we genieten.
Arabella Boxer, François Clerc, Jane Grigson, Albert Hagdorn, Prue Leith, Delia Smith, Richard Stein, Patricia H. White.

Wij bedanken Quentin Blake voor de stamboom die hij voor ons heeft gemaakt en die tot in lengte van dagen aan toekomstige generaties zal worden doorgegeven.

Wendy Kress, onze alleraardigste secretaresse die onophoudelijk de hele inhoud van dit boek heeft getypt, overgetypt en opnieuw getypt. Monnikenwerk.

Cathy Sinker voor haar smaakvolle arrangementen voor Jans foto's.

Jo Stilwell, Jans geduldige, betrouwbare assistent bij het fotograferen.

Neisha voor de prachtige schutbladen.

Fiona en Alex Peevers voor de schitterend geschreven menu's.

Keith Pounder, onze tuinman, die onze ommuurde groentetuin heeft ingericht en ons heeft voorzien van zijn heerlijke produkten.

De Bedfords van Town Farm voor hun scharreleieren.

Professor Potts de Clown voor de geduldige en vriendelijke manier waarop hij omging met de wilde bende kinderen op Luke's verjaardagspartijtje.

Liz Wallace voor haar prachtige en bijzondere bloemstukken.

Onze gehele familie en alle vrienden die recepten hebben bijgedragen aan dit boek, voor hun geduldig proeven en opnieuw proeven.

Het Missenden Abbey Management Centre voor het beschikbaar stellen van hun terrein.

We zijn de volgende personen zeer dankbaar:

Quentin Blake, die ons een stamboom heeft gegeven die we tot in het verre nageslacht kunnen gebruiken.
Wendy Kress, onze supersecretaresse, die de hele inhoud van dit boek eindeloos heeft getypt, overgetypt en over-overgetypt. Een reuzentaak.
Cathy Sinker voor haar creatieve styling van de foto's van Jan.
Jo Stilwell, Jan's geduldige, betrouwbare assistent en de fotograaf van alle vrijstaande foto's tussen de tekst.
Fiona en Alec Peever, voor hun prachtig geschreven menu's.
Keith Pounder, onze tuinman, die onze ommuurde moestuin heeft aangelegd en ons heeft voorzien van de verrukkelijke produkten daarvan.
De familie Bedford van Town Farm, voor hun verse scharreleieren.
Professor Potts de Clown (Graham Nichols: 7 Lowden, Chippenham, Wiltshire), voor zijn geduld en de hartelijke manier waarop hij met een troep wilde kinderen is omgesprongen op Luke's kinderpartijtje.
Al onze familie en vrienden die recepten voor dit boek hebben geleverd, voor de verdraagzaamheid die ze hebben getoond bij het vele proeven en de chaos die Josie en Liccy op Gipsy House hebben gemaakt.
The Missenden Abbey Management Centre, Great Missenden, Buckinghamshire, voor het beschikbaar stellen van hun terrein voor onze opnamen.

REGISTER

A

A la Daube 148
Aalbessengelei 192
Aardappel/lof soufflé 111
Aardappelen en uien met room en knoflook 113
Aardappelen, Piggy's krab- 35
Aardappelen, Gecaramelliseerde zoete 111
Aardappelpannekoek, Kathy's 113
Aardappelrand, zoete 178
Aardappeltaart 112
Aardappeltjes, Liccy's altijd- lukkende knapperige geroosterde 112
Aardbeienjam 190
Abrikozen-, reine claude-, blauwe pruimen-, kroosjes- en kwetsenjam 189
Algarviaanse schelpen 38
Ali's Ail 127
Alpensneeuwhoen, Gestoofde 61
Amandelsoep 27
Amandeltaart, Gipsyhouse 176
Amerikaanse mosterdsaus 204
Ananas met rabarbermoes, Ingemaakte 201
Annes salade van wintervruchten 170
Appeltaart, Lori's 182
Arnhemse Meisjes 212
Asta's spinazie 109
Asta's worteltjes 109
Aubergines, Neisha's 115

B

Bananen, Rose's Cajun Vanille- 174
Béarnaisesaus, Elizabeth Annesley's makkelijke 204
Bes!, O zo zalige zwarte 168
Betty d'Aubreu's erwtenschotel 49
Bevroren pecannoot en sinaasappelmousse 140
Bietensalade van meneer Wells 132
Bloemkool met garnalen 106
Bramen meringue 171
Broeikaseieren en Olivana's 147

C

Cake, Cinda's 212
Callie's quiche 56
Caponata 116
Caramelappels 183
Charlottes pakketjes 110
Chłodnik, Stefans 22
Chocoladebombe 158
Chocoladecake Capri 157
Chocoladedessert St. Emilion 157
Chocolademelk, Cinda's hete 213
Cinda's cake 212
Cinda's hete chocolademelk 213
Citroendrank met vlierbloesem 206
Citroenmousse, Sophie's 146
Coughtonse warme kerstpudding 180
Courgettes, Gemarineerde 116
Cranberrysaus 202

D

Dimity's rode en groene paprikasalade 134
Druivengelei, Gipsy House 192

E

Eieren in aspic 54
Elizabeth Annesley's makkelijke béarnaisesaus 204
Erwtenschotel, Betty d'Aubreu's 49

F

Frambozendrank 206
Fran Collins' pastasaus 98

G

Galgemaal 214
Gazpacho, Maria's 23
Gebakken uiringen en peterselie 128
Gebakken kool met spek 124
Gebakken haricots verts 117
Gebakken venkel met mousselinesaus 127
Gebraden patrijzen met jeneverbesvulling 60
Gecaramelliseerde zoete aardappelen 111
Gegrillde kreeft met hete kruidenboter 91
Gehaktballetjes, Noorse 70
Gekruide peren in cider 144
Gele spliterwten met spek 27
Gemarineerde courgettes 116
Gemberpudding, Warme 180
Gerookte zalmstrudel 42
Geroosterde varkensrollade met hazelnootvulling 84
Gestoofde Alpensneeuwhoen 61
Gestoofde rodekool 123
Gezouten rosbief met kruidennoedels 72
Gipsy House sla 133
Gipsy House amandeltaart 176
Gipsy House druivengelei 192

H

Haas, Zatte 61
Ham, Marius' 85
Haricots verts, Gebakken 117
Haring, Scandinavische ingemaakte 33
Haringhommetjessoufflé, Spivs zachte 32
Haringpâté 32
Hemel op aarde 144

I

Ingemaakte ananas met rabarbermoes 201
Ingemaakte meloen met perzikmoes 201
Iris Stew 84
Irma's monnik in nachthemd 168

J

Jennifers sla 136
Jinny's uien met rozijnensaus 204
Josie's spinazie 109

Josie's rookvispotjes 30

K

Kaassprietjes 207
Kathy's aardappelpannekoek 113
Kerstpudding, Coughtonse warme 180
Kip, Mormors 69
Kip, Thaise 62
Kipcurry met yoghurt, Romige 64
Kippesoep, Michaels meesterlijke medicinale 28
Kipschotel met avocado 70
Komkommer zoetzuur 191
Komkommer en aardbeiensoep, Koude 22
Komkommersalade van meneer Wells 132
Kool met spek, Gebakken 124
Kool, Gestoofde rode- 123
Koude komkommer en aardbeiensoep 22
Koulibiaka variant, Spivs 92
Kransekake 174
Kreeft met hete kruidenboter, Gegrillde 91
Krokaanijs 141
Krokodil, Pikante 100
Kruidengelei 191
Kruidige perenjam met ananas 201
Kruimelkorst, Ophelia's 183
Kruisbessenchutney 191
Kruisbessenmoes 202
Kulich 166

L

Lamsbout, Tessa's gevulde 81
Lamsvlees met abrikozen in deeg gevochten met uiensaus 82
Lemond curd 193
Lendestuk, Vorstelijk 74
Liccy's limonade 204
Liccy's altijd-lukkende knapperige geroosterde aardappeltjes 112
Limonade, Liccy's 204
Loopy's warme pudding 172
Lori's appeltaart 182
Lucy's sla 135

M

Maaltijden voor honden 229
Maria's Gazpacho 23
Marius' worteltjes 106
Marius' ham 85
Marmelada 190
Marmelade, Zuidvruchten- 188
Meiraapjes met bieslook 113
Meloen met perzikmoes, Ingemaakte 201
Michaels meesterlijke medicinale kippesoep 28
Monnik in nachthemd, Irma's 168
Mormors kip 69
Mormors sinaasappelsiroop 206
Moules à l'escargot 40
Moussaka-achtige lasagne 98
Mousserende vlierbloesemdrank 206
Mrs. MacPhee's scones 208

N

Neisha's aubergines 115
Noorse gehaktballetjes 70
Noorse vispudding 89

O

O zo zalige zwarte bes! 168
Oeufs en gelée 54
Omelet, Ophelia's jam- 178
Ophelia's jam-omelet 178
Ophelia's kruimelkorst 183
Ossestaartsoep, Roalds 73

P

Paaskoekjes 213
Paaslam met meiraapjes 83
Paella salade 97
Pakketjes, Charlottes 110
Paprikasalade, Dimity's rode en groene 134
Paskha 166
Pastasaus, Fran Collins' 98
Pastasaus, Spivs favoriete 97
Pastei van rundvlees met ingemaakte walnoten 76
Pâté, Stilton 50
Patrijzen met jeneverbesvulling, Gebraden 60
Pecannoot en sinaasappelmousse, Bevroren 140
Pepergelei, Pikante 192
Peperwodka 207
Peren in cider, Gekruide 144
Perenjam met ananas, Kruidige 201
Pikante pepergelei 192
Pikante krokodil 100
Pindacake, Theo's 125
Pudding, Loopy's warme 172

Q

Quiche, Callie's 56

R

Rijst met risotto, Wilde 126
Riskrem 176
Roalds ossestaartsoep 73
Rode en witte-wortelschotel 115
Romige kipcurry met yoghurt 64
Rood-blauwe vruchtensalade met crème Chantilly 175
Roomkool 124
Rosbief met kruidennoedels, Gezouten 72
Rose's Cajun Vanillebananen 174
Rozeblaadjes sorbet 142
Rozebottelgelei 200
Rundvlees met ingemaakte walnoten, Pastei van 76

S

Salade van wintervruchten, Annes 170
Scandinavische ingemaakte haring 33
Scones, Mrs. MacPhee's 208
Sinaasappelflensjes 171
Sinaasappelschijfjes, Zoetzure 193
Sinaasappelsiroop, Mormors 206
Sint-jacobsschelpen met Sla, Gipsy House 133
Sla, Lucy's 135
Sla, Jennifers 136
Slasaus van meneer Wells 132
Sleedoorngin 205
Snoek quenelles 46
Sophie's citroenmousse 146
Spinazie 38
Spinazie, Asta's 109
Spinazie, Josie's 109
Spivs favoriete pastasaus 97
Spivs Koulibiaka variant 92
Spliterwtensoep met spek, Gele 27
Stefans Chłodnik 22
Stilton pâté 50

T

Tessa's gevulde lamsbout 81
Thaise kip 62
Theo's pindacake 125
Tomaten en appelpasta 200
Tomaten gelatine-rand 50
Tomatenpasta 200
Tomatensla speciaal 135

U

Uien met rozijnensaus, Jinny's 204
Uiensoep 30
Uiringen en peterselie, Gebakken 128

V

Varkensrollade met hazelnootvulling, Geroosterde 84
Venkel met mousselinesaus, Gebakken 127
Vispotjes, Josie's rook- 30
Vispudding, Noorse 89
Vorstelijk lendestuk 74
Vruchtensalade met crème Chantilly, Rood-blauwe 175

W

Warme gemberpudding 180
Wijn in Gipsy House 223
Wilde rijst met risotto 126
Wortels, Marius' 106
Wortelschotel, Rode en witte- 115
Worteltjes, Asta's 109
Worteltjes met komijn en gember 105
Wrongeltaart 181

Z

Zalm en gerookte schelvistartaar 42
Zalmkoekjes met dillesaus 92
Zalmstrudel, Gerookte 42
Zatte haas 61
Zeeduivel met prei en limoensaus 94
Zeesla 122
Zoeloe-brood 213
Zoete aardappelrand 178
Zoetzure sinaasappelschijfjes 193
Zuidvruchtenmarmelade 188